ジオとグラフィーの旅 ②

自然の旅

外山 秀一 著

古今書院

はじめに

　この「ジオとグラフィーの旅シリーズ」では，ジオとグラフィーという二十歳の男女を設定して，二人の会話形式で進めてゆく。このシリーズを通して，ジオとグラフィーに，地球の自然環境や自然と人とのかかわり，そしてそこに住む人びとの生活，日本や世界の状況，さらには地球や地域がかかえる問題などについて語ってもらう。

　具体的には，「1．環境と人の旅」，「2．自然の旅」，「3．人の旅」，「4．衣食住の旅」，「5．東アジアとヨーロッパの旅」，そして「6．地域情報の旅」という内容で，本書は「自然の旅」にあたる。このうち，1と2と6はジオを中心に，3と4と5はグラフィーを中心に話が展開される。二人の目という限られた視点ではあるが，少しでも多くの読者の皆様に，上記の諸点を理解していただきたいと願う次第である。

　geography（ジオグラフィー）は，ジオ（土地）をグラフィック（記述する）ことから始まった。地理学というこの学問分野は，土地を媒介として，そこに生活する人とその環境，さらには人そのもの，人の育む文化などに焦点をあてて，研究が進められてきた。このシリーズでは，ジオとグラフィーの世界をいっしょに旅していただき，その思い出を読者の皆様の心に描いていただけたらと思う。

　このシリーズは，高校生以上の方を対象に，なるべくわかりやすい内容にして，理解を深めていただくことをめざしている。そのためには，従来のような章立てだけではなく，◆で示したようにサブテーマを設けて，読者の皆様が興味を持っていただくように工夫した。

　本書の「自然の旅」では，大きく三つの内容を設定した。すなわち，第Ⅰ部の地球，第Ⅱ部の地形，第Ⅲ部の気候・植生・土壌・水である。本シリーズのテーマは「自然環境と人間とのかかわり」であるが，ここでは地球の自然環境を中心に，両者のかかわりについて考えてみたい。

目　次

はじめに　i

第Ⅰ部　地　球

1. 地殻の動き……………………… 1
   a．大陸移動説　1
      大陸が移動したわけ
   b．マントル対流説　3

2. プレート・テクトニクス……………… 7
   a．プレート　7
      引き裂かれる大地
      エベレストは海だった
      日本列島がオーストラリアにつぶされる日
      ハワイが日本に近づいている
      スーパーマンが地殻で持ち上げたもの
   b．プレートと地震や火山　18
      プレートのストレス解消
      ペキペキ折れる日本列島
      地震がおきたら
      津波がきたら

第Ⅱ部　地　形

1. 地形の営力………………………41
   a．地形の形成要因　41
      地形の形成営力と人体
   b．地形の輪廻　42

2. 世界の大地形……………………44
   a．安定陸塊　44
      「ロストワールド」の舞台
   b．造山帯　48

3. 山地地形…………………………53
   a．山脈の成因　53
   b．褶曲山脈と断層山地　54
      フォッサマグナとナウマン
   c．火山　63
      ドローッと流れたキラウエア
      イッシー・クッシーとカルデラ湖
      デビルズタワーとビッグベア
      「未知との遭遇」の舞台は？

4. 平野地形…………………………86
   a．侵食平野　86
      「バルジ大作戦」の舞台は？
      モニュメントバレーと映画
   b．堆積平野　90

5. 海岸地形………………………… 102
   a．砂浜海岸　102

b．岩石海岸　　106
　　c．離水海岸　　109
　　　　『とはずがたり』と足摺岬
　　d．沈水海岸　　113
　　e．中性海岸　　118
　　　　親不知と池の大納言

6．氷河地形……………………………124
　　　氷河期はおとずれるの？

7．乾燥地形……………………………128
　　a．砂漠と砂漠の分布　　128
　　b．砂漠の種類　　130
　　　　ソノラ砂漠とサワロサボテン
　　c．その他の乾燥地形　　132
　　　　縮小するチャド湖

8．カルスト地形………………………137
　　　雨水は石灰岩をも溶かす
　　　雨がつくった桂林

第Ⅲ部　気候・植生・土壌・水

1．気候……………………………………143
　　a．気候要素と気候因子　　143
　　b．気温・降水量・風　　143
　　　　ダイアモンドダストと凍傷
　　　　エスキモー犬たちのルール
　　　　巨大台風が日本を襲う

2．植生……………………………………155
　　a．森林　　155
　　b．草原　　156
　　　　マルコが母を訪ねて歩いたのは？

3．土壌……………………………………159
　　a．成帯土壌　　159
　　b．間帯土壌　　160
　　　　バラ色の土

4．水………………………………………161
　　a．地球の水　　161
　　b．海洋と海流　　162
　　　　「脱獄」と寒流
　　c．地下水と地表水　　165

おわりに　　169
文献・資料　　170

第Ⅰ部 地　球

1. 地殻の動き

a. 大陸移動説

ジオ：まず，デジタルマップの地球儀を回転させて，地球の陸と海の分布状況をみてみようか。陸半球（写真Ⅰ-1）は，フランスのパリ南西部を中心として，全陸地面積の84％を占めていて，陸地と海洋の面積比は49：51なんだ。一方，水半球（写真Ⅰ-2）は，南太平洋のアンチボデス諸島を中心として全海洋面積の64％を占め，陸地と海洋の面積比は1：9だよ。

写真Ⅰ-1　陸半球（マイクロソフト 2001）

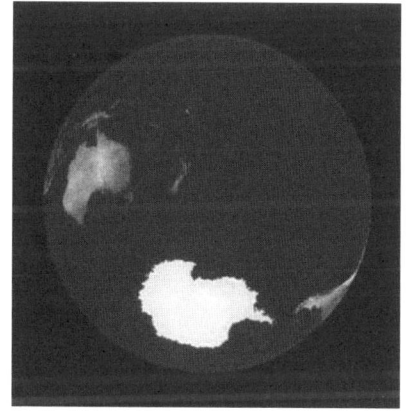
写真Ⅰ-2　水半球（マイクロソフト 2001）

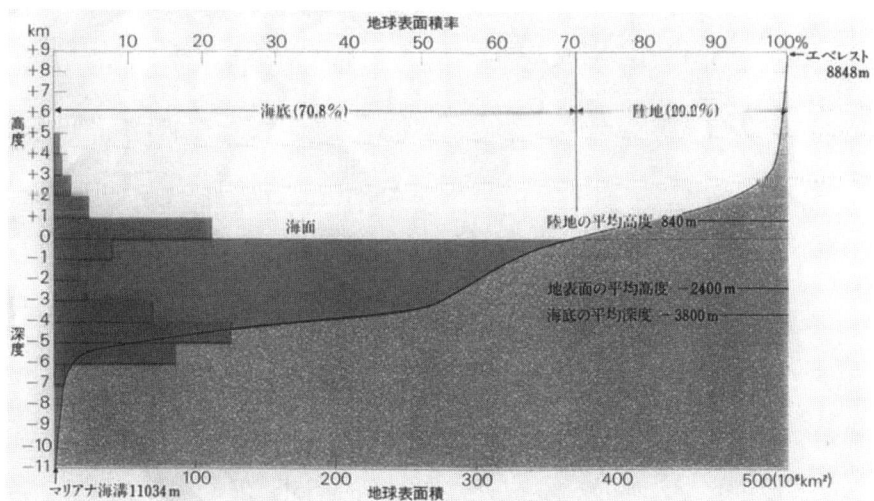
図Ⅰ-1　世界の高度頻度分布と平均地形断面（貝塚編 1983）

2　第Ⅰ部　地　　球

グラ：地球が水の惑星といわれるわけね。陸と海の面積の比率は3対7よね。

ジオ：そう。グラフィーも知っている通り，地球の最高所はエベレストで，最低所はマリアナ海溝。高低差は19882 mで約20kmもあるんだ（図Ⅰ-1）。なお，陸地の平均高度は840 mで，海底の平均深度はマイナス3800 m。陸地では，海抜0 m～1000 mまでの地域が一番多くて約22％。一方，海底ではマイナス4000 m～5000 mの部分が多くて25％という割合になっているんだ。

◆ 大陸が移動したわけ

ジオ：この地球の地殻の動きを，大陸移動説（大陸漂移説）からみてみよう。グラフィー，これについては小・中学校の時に学んだよね。

グラ：……。

ジオ：え？……。
今では常識となったこの大陸移動説だけど，昔は「非常識だ」と学会ではつまはじきにされたんだ。イギリスのベーコン（F.Bacon）という，ブタのくん製みたいな名前だけど，彼は哲学者なんだよ。

グラ：……。

ジオ：ベーコンは，大西洋を挟んで南米大陸とアフリカ大陸がジグソーパズルのようにくっつくことを，17世紀に初めて指摘したんだ（写真Ⅰ-3）。でも，学界では相手にはされなかった。

グラ：どうしてなの？

ジオ：大陸移動説を主張した彼らの発想というのは，NHKの「ひょっこりひょうたん島」

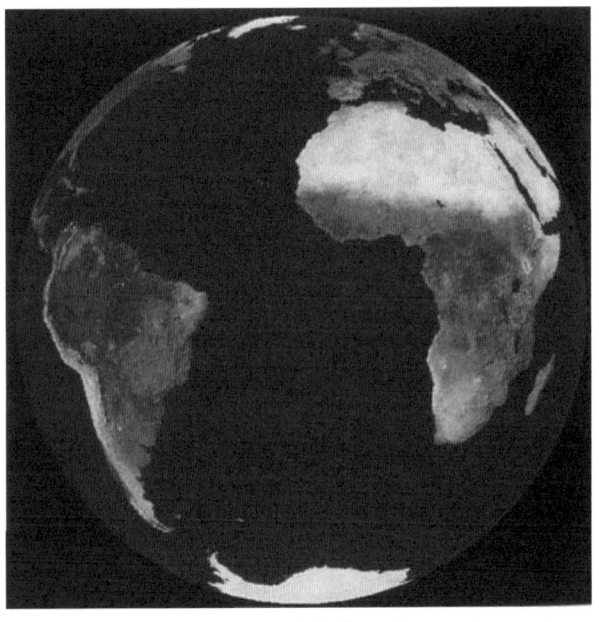

写真Ⅰ-3　南米とアフリカ大陸（マイクロソフト2001）

と同じように，当時の考えは大陸が海にちゃぷちゃぷ浮かんで動いていたというものだったんだ。

グラ：……。

これでは説得力ないね。

ジオ：さらに，ドイツのウェーゲナー（A.Wegener）は，彼の論文と著書『大陸と海洋の起源』で大陸移動説を主張するんだ。彼は，アフリカと南米の地質構造が似ているという点と，そこから出土する動物化石や植物化石から生態系の類似性を指摘したんだ。そして，地球の陸地は一つの巨大大陸であったことを示唆するんだ。

地球には，パンゲア（pangaea）とよばれる一つの古い大陸があって，古生代の石炭紀後期の2億8000万年前，実際には2億年前あるいは1億8000万年前からといわれているけど，地球の自転によって生じる遠心力と月や太陽の引力，つまり潮汐力の作用で大陸が分裂し，そして移動し始めたと説明したんだ。

グラ：つまり，大陸移動説の原因は遠心力と潮汐力だったというの？

ジオ：そう。ところが，地球物理学の分野から反論が出るんだ。「力学的にはそんなことはあり得ない」というわけ。当時は，固体である地球の表面を大陸が移動することについて，合理的に説明ができなかったんだね。

b．マントル対流説

ジオ：その後，こうした大陸移動説と並行して，マントル対流説という考え方がでてくる。地球の断面をみると（図Ⅰ-2），地殻とマントルと核からなっているんだ。

グラ：卵の殻と白身と黄身みたいね。

ジオ：そう！地球の内部には，マントルとよばれる流動性に富む部分があって，マントル内部の非常にゆっくりした動きによって，大陸移動や地殻変動が生じるという考え

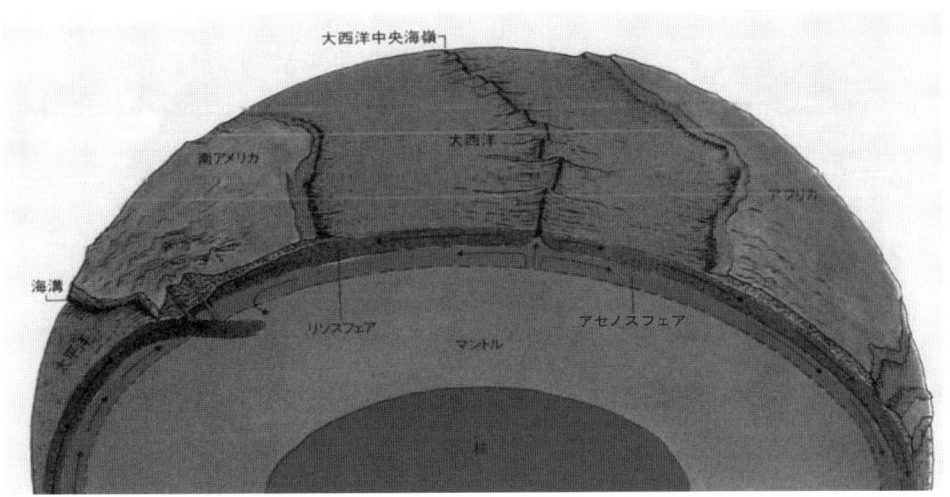

図Ⅰ-2　地球の構造とプレート断面（米倉・池田 1983）

グラ：マントル対流説って？
ジオ：イギリスのホームズ（A.Holmes）が大陸の移動や深海底の動きはマントルの対流によるものと主張したんだ。
グラ：どのように検証したの？
ジオ：この説はいずれも検証できなかったんだ。証明しろといわれても，「The core（核）」という映画のように，地球内部にもぐり込んで確認するわけにはいかなかったからね。
グラ：その後，この大陸移動説はどうなるの？
ジオ：1950年代に，古地磁気学の研究により新たな証拠が提示されて，この大陸移動説が認められることになる。それは，地球そのものが磁石でできているという考えに基づくものなんだ。
グラ：地球が磁石？
ジオ：実際，地球の磁場は今11度傾いている。つまり真北と11度のずれがあるんだ。北極がS極，南極がN極だから，磁石は逆の北極がN，南極がSを向く。
グラ：なるほど。
ジオ：しかも，地球の磁気，これを地磁気というけど，これがこれまでに何度も逆転してきたんだ。
グラ：つまり，地球の長い歴史のなかで，S極とN極が何度も交替してきたのね。

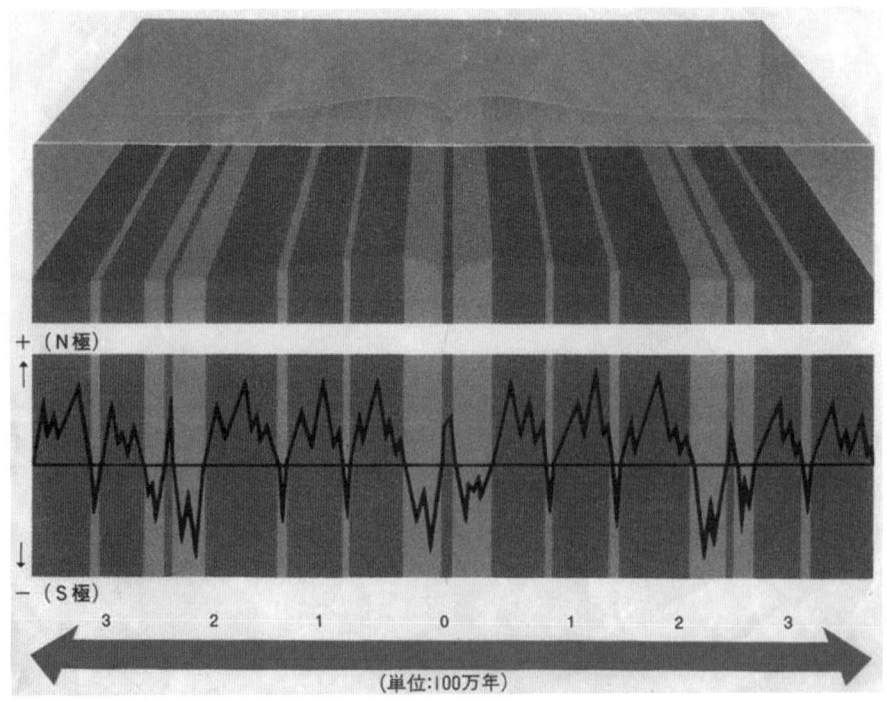

図I-3　海底の磁場（相賀編1989）

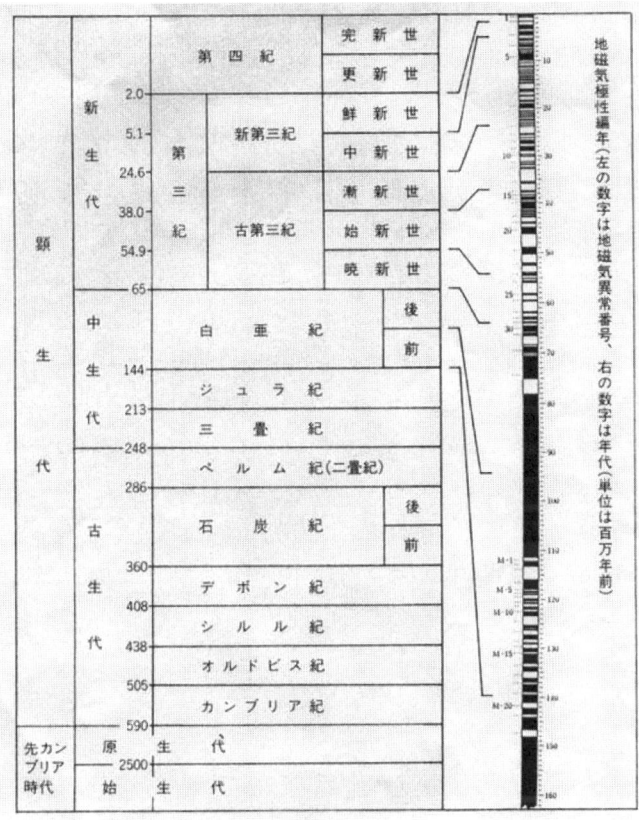

図Ⅰ-4　地質年表（斎藤1992）

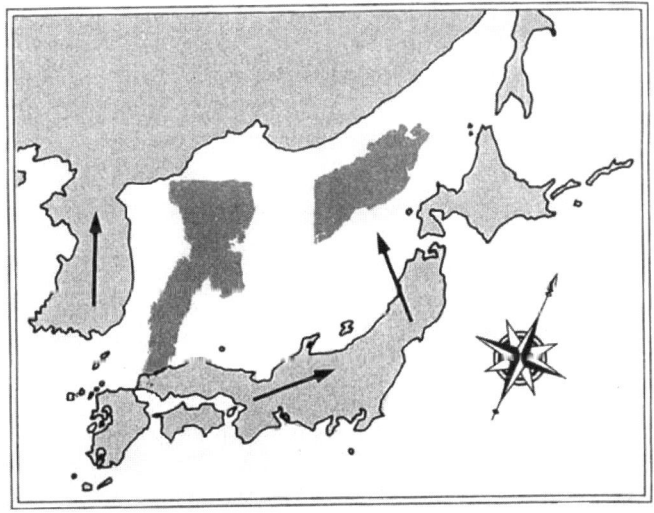

図Ⅰ-5　磁気で調べた大昔の日本列島（荒牧・鈴木1986）

ジオ：過去7億6000万年の間に171回，北極と南極の磁場は繰り返しひっくり返っている。
グラ：なぜなの？
ジオ：マントルの成分のマグマは，鉄などの磁性鉱物を含んでいるんだ。これが冷えて固

まると，当時の地球の地磁気の方向に向きがそろう。つまり，その岩石の地磁気を調べることで，岩石がつくられた時代の地磁気の向きを明らかにすることができるんだ。

これは，海嶺という海の山脈の部分を拡大したもので（図Ⅰ-3），この海嶺を中心にN極とS極の磁場は左右対照になっている。また，1億6000万年前のジュラ紀から現在までの地磁気の転換の様子をみると，絶えず交替していることがわかるよね（図Ⅰ-4）。実際に，各地域の古い岩石の地磁気を調べると，方向が異なるんだ（図Ⅰ-5）。

グラ：東北地方は北西方向を，関東・中部以西は北東方向を向いている。

ジオ：この古い岩石が示す磁場の方向を，現在の方位に戻してやると，昔の日本列島の位置を推定することができるんだ。これは，1500万年以前の日本列島の地磁気の方向を示したものだけど（図Ⅰ-5），当時日本列島は大陸のへりにあったことがわかるよね。そしてその後，東北地方が反時計回りに，西日本が時計回りに移動して，日本列島が形成されたんだ。

グラ：朝鮮半島はほぼ定位置なのね。

2. プレート・テクトニクス

ジオ：そして，1960年代末にこのマントル対流説に基づいて，プレート・テクトニクスという新しい理論が打ち出されるんだよ。これは，地殻の構造をリソスフェアという岩石圏の動きで解明するもので，simaとsialで説明することができるんだ。
simaというのはsiliconケイ素とmagnesium玄武岩質の岩石からなっていて，海洋地殻を構成するもので，比重は2.9と重い。これに対して，sialはsiliconケイ素とaluminuim花崗岩質の岩石からなっていて，大陸地殻を構成するもので，比重は2.7とsimaよりも軽いんだ。

グラ：つまり，海洋地殻の上に大陸地殻がのっているのね。

ジオ：プレート・テクトニクスというのは，これらのsimaとsialが互いに分離融合しながら地球の表層を漂移して，現在の大陸の分布を形成しているという考え方なんだ。

グラ：絶えず動いている岩石プレートの上で，私たちは今生活をしているのね。

ジオ：そう。

a．プレート

◆ 引き裂かれる大地

ジオ：そのプレートだけど，地球の表層部をみると，リソスフェアとアセノスフェアとに分かれているんだ（図Ⅰ-2）。リソスフェアとは先ほどいったように岩石圏のことで，厚さは70km～150km。マントルの最上部と地殻の部分は，地表や海底で冷やされて硬質で，海洋地殻と大陸地殻からなっている。これに対して，アセノスフェアは軟弱圏のことで，厚さは75km～100km。これは，マントルの上部を構成していて，高温で粘性が高くて軟質なんだ。
こうしたアセノスフェアの上にリソスフェアである海洋地殻と大陸地殻がのっている。つまり，海底と大陸はアセノスフェアの動きに対応して，少しずつ移動しているんだ。

グラ：これが大陸移動説の考え方なのね。

ジオ：2億年前の地球をみると，陸地はパンゲアという一つの大陸だったんだ（図Ⅰ-6）。そして，1億8000万年前から大陸が徐々に分離し始める。

グラ：グリーンランドは北米大陸にくっついてたのね。

ジオ：1億3500万年前に，アフリカと南米大陸が分離しはじめて，6500万年前以降には，北米とグリーンランド，ユーラシアが分離し始め，南極大陸とオーストラリア大陸も分離していった。

グラ：インドも仲間はずれになって一人旅にでたのね。

8　第Ⅰ部 地球

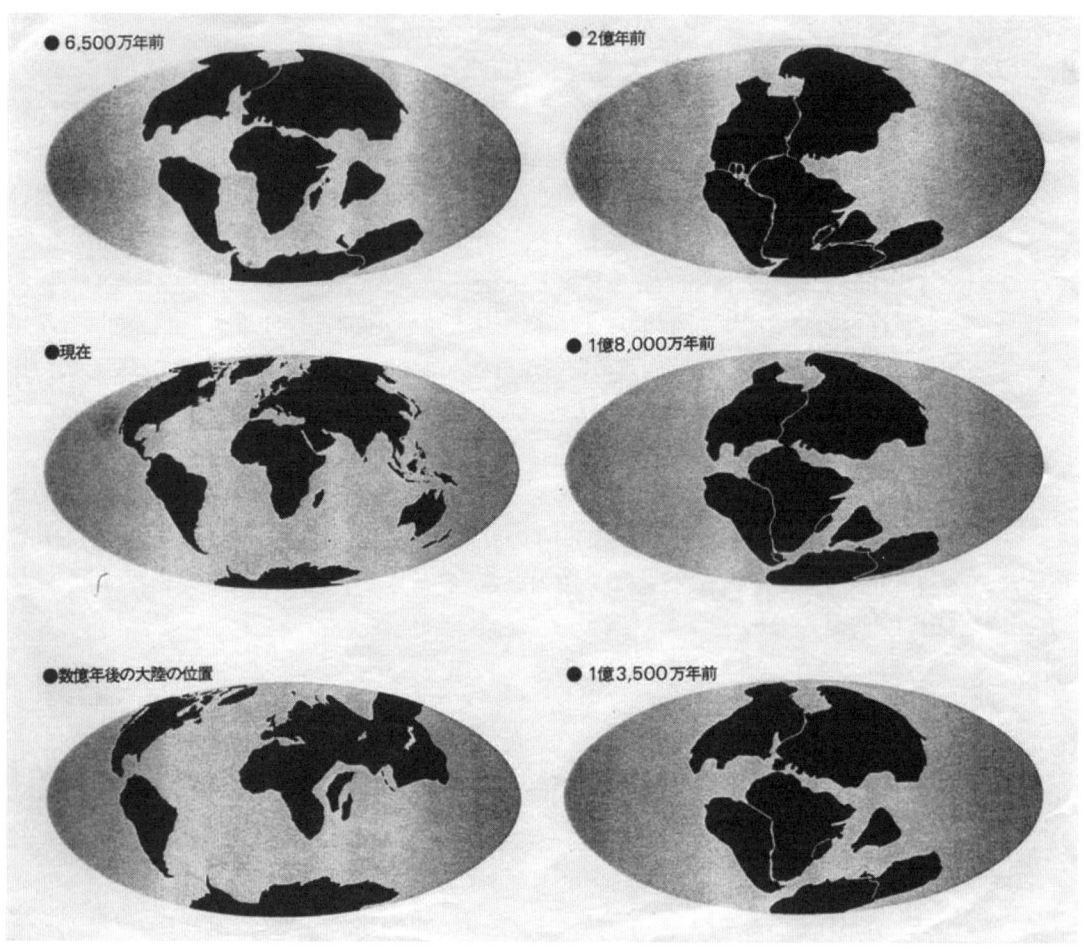

図Ⅰ-6　パンゲア大陸の分裂（NHK取材班 1987）

ジオ：……。そのインドは，その後ユーラシアにぶつかるんだ。
グラ：……。

◆ エベレストは海だった

ジオ：5000万年前にユーラシア大陸にインド亜大陸がぶつかって，当時海底にあった地層が隆起して，ヒマラヤ山脈を形成していったんだよ（図Ⅰ-7）。海底の地層が8000m級の大山脈を形成していった。そして，ヒマラヤは現在も上昇しているんだ。
グラ：……。
ジオ：ヒマラヤ山脈の地層は水平堆積をしていて，地層からは貝や魚の化石が出土する。
グラ：あのエベレストも昔は海底だったのね。
ジオ：山頂付近のイエローバンドとよばれる地層からウミユリの化石がみつかっているんだ。これは，深海に棲む棘皮（きょくひ）動物でウニやヒトデの仲間なんだ。

図Ⅰ-7　コンピュータで描いたヒマラヤ山脈の立体地形（石井・奥田ほか監 1995）

◆ 日本列島がオーストラリアにつぶされる日

グラ：このように大陸が移動し続けると，数億年後の大陸の分布はどうなるの？
ジオ：東アフリカが大地溝帯のところから分離して，白い部分の日本にオーストラリアがぶつかってきて，そしてつぶされる（図Ⅰ-6）。
グラ：……。
ジオ：ところで，次の英文はアメリカのハイスクールの教科書（H.J.Blij ほか 1989）から抜粋したものだけど，グラフィー英語得意だよね。ちょっと要約してくれない……。
グラ：え？……。

　　Most scientists believe that the crust of the earth formed 4.5 billion years ago.Can you even imagine 4.5 billion years?

　　To understand the earth's history,you must use your imanination to consider time from a new perspective.Imagine a silk moth in a garden.After it develops its wings,the giant silk moth *Ailanthus* lives for only two or three days. During that brief time,the moth tours summer's gardens, lighting on flower after flower.To the silk moth,the flower garden has existed always and will exist forever.How can it know that flowers fade and die and that seasons change? Its eternity is but a two- or three-day silver of time.

　　Human beings live 70 to 80 years in a wold that has existed for billions of years. Like the moth in the garden,our existence is so brief that the earth to us does not appear to change very much.The seasons come and go,but the earth and its landforms seem to stand solid and last forever.

10　第Ⅰ部　地　球

　　　　Although our brief view does not allow us to see much,the earth does change,it will change much after you have deid.Since its beginnings,the surface of the earth has continually shifted and heaved.

　　　Scientists have long tried to explain the patterns of land and sea on the earth's surface.Nearly a century ago,a German scientist,Alfred Wegener,developed a theory that the continents were once united in an enormous single landmass he called *Pangaea*.He believed that over time,*Pangaea* broke into two pieces which he named *Laurasia* and *Gondwanaland*.According to Wegener's theory,these two super-continents eventually drifted apart to form the seven continents we know today. Wegener's proof lay in the shapes of the modern continents.Look at the world map,and you can see that South America and Africa seem to fit together like large pieces of a jigsaw puzzle.

　　　Other discoveries lent support to the theory.Fossils that were found on the Atlantic coast of South America matched those found on the Atlantic coast of Africa.In anther case,fossils of ancient sea creatures were discoverd high in the Himalayas in Asia,thousands of miles from any ocean. These discoveries brought more scientists into Wegener's camp,and prompted more research on the question of whether the landmasses were once joined together.

グラ：人生は7・80年，地球は45億年。この45億年の間に地球が絶えず変化してきたことは人間には分からない。これを蛾(が)にたとえる。蛾の寿命はせいぜい2・3日，蛾は花の美しさだけしか知らない。つまり，蛾は花が咲いて，しおれ，枯れてしまうこと，季節が変わることを知らない。

　　　そして，地球が45億年の間に大きく変化してきたことを，ウェーゲナーの大陸移動説で説明すると，パンゲアからローラシアとゴンドワナの二つの大陸がその後七つの大陸に分かれる。地図をみると，南アメリカとアフリカ大陸がジグソーパズルのようにくっつく。

　　　その証拠として，両大陸の海岸で出土する動植物の化石が一致したり，海洋生物の化石がヒマラヤ山脈で発見されている。こうしたことから，大陸移動説が支持されてきた……。

ジオ：ありがとう。それじゃ次に，プレートの生産と消失についてみてみようか。世界の陸地と海底の状況をみると，世界の地形はプレートの上にのっかって動いている。また，プレートの生産と消失の状況を断面図（図Ⅰ-2）でみると，マントル物質が上昇してマグマが生成されて，溶岩が噴出し，リソスフェアが形成される。軟らかいアセノスフェアの移動にともなって，硬いリソスフェアが動いて，海嶺から海洋底が拡大する。その一方では，海溝へ沈み込むんだ。

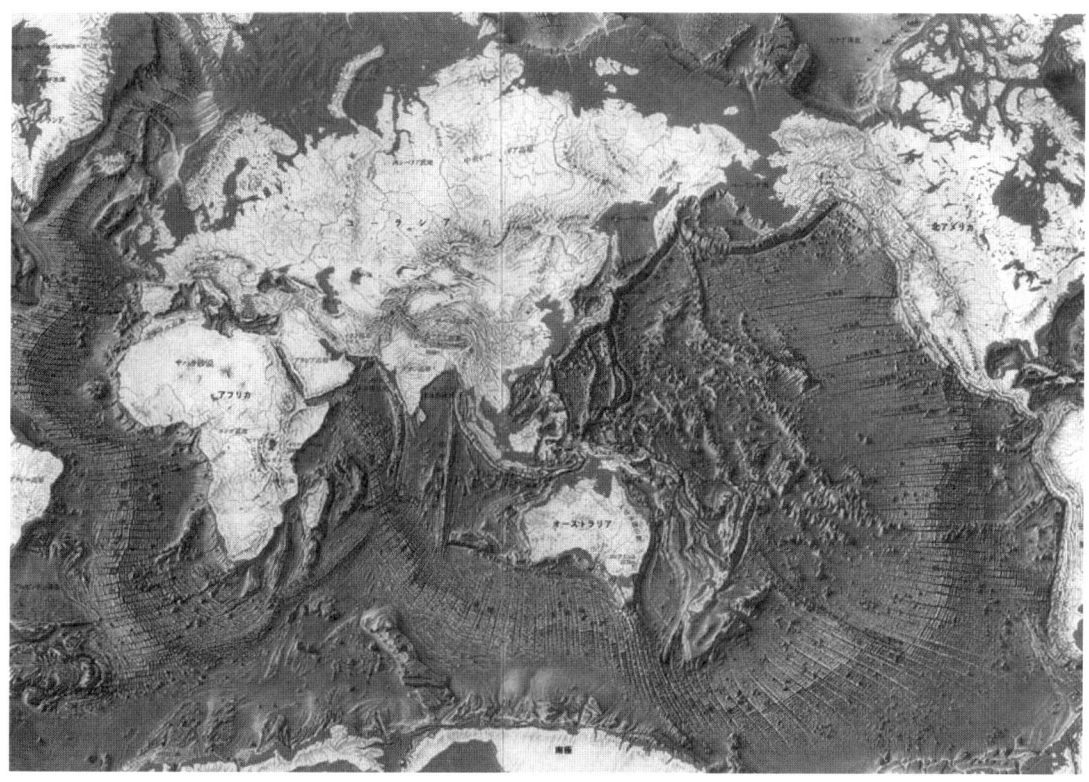

図Ⅰ-8 世界の大地形（貝塚編 1983）

グラ：このように，プレートは生産と消失を繰り返してるのね。
ジオ：こうして，海底では海嶺や海溝という地形が形成される。
グラ：海底の地形をみると，陸地の地形よりも起伏に富んでいるんだね（図Ⅰ-8）。
ジオ：海の山脈つまり海嶺のトップ（山頂）が島になっていて，たとえばアイスランドと

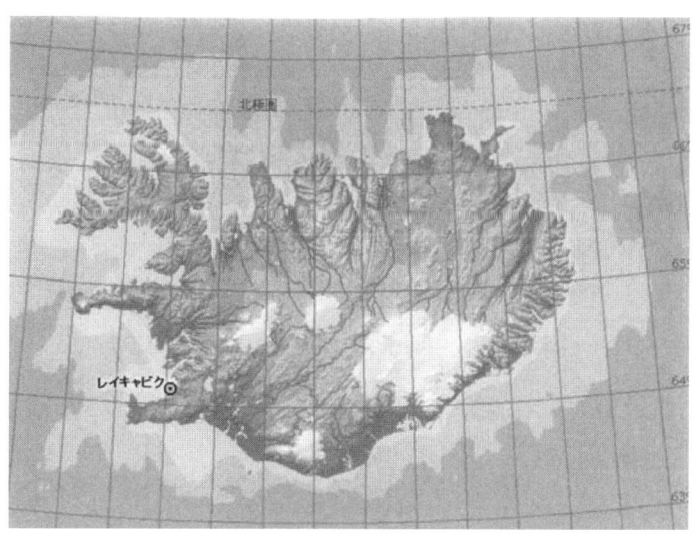

図Ⅰ-9 アイスランド（マイクロソフト 2001）

写真Ⅰ-4　アイスランドの線状噴火（式編 1984）

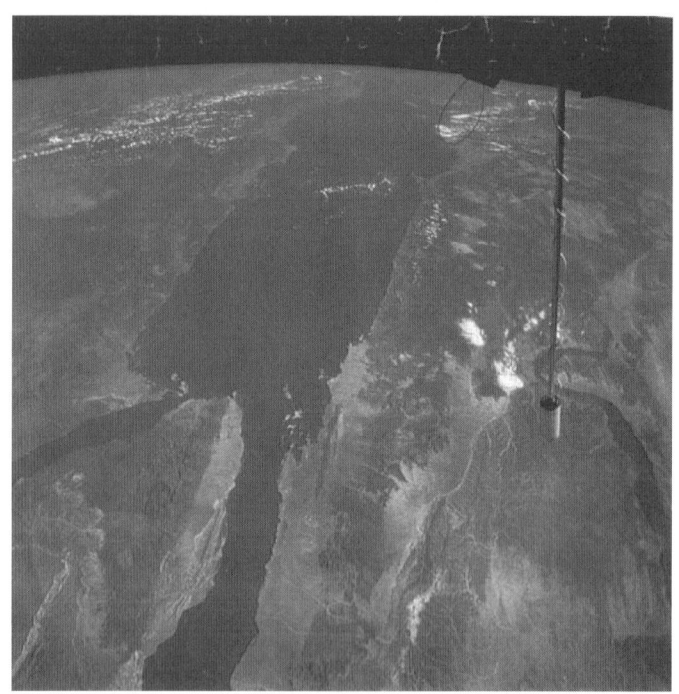

写真Ⅰ-5　紅海周辺の地形（貝塚編 1983）

いう島をみると，プレートの境界にあたるんだ。

大西洋中央海嶺の上にアイスランドがあって，山地と川が南北方向に分布している（図Ⅰ-9）。アイスランドの火山は，プレートの境界に平行して，南北方向の地層の割れ目にそって線状に噴火しているんだ（写真Ⅰ-4）。

写真Ⅰ-6　地球環境の特徴（清水 1995）

　　これは地中海から南の方向をみたものだけど（写真Ⅰ-5），東からアラビア半島，アカバ湾，紅海，シナイ半島，スエズ湾，ナイル川とその流域の様子だね。
　　グラフィー，紅海が直線状の切り立った断層崖になっていることに注目してみて。これはアフリカプレートとアラビアプレートとの境界にあたるんだ。
グラ：紅海の両側をあわせるとくっつくようにみえるけど……。
ジオ：これは逆方向からみたものだけど（写真Ⅰ-6），スエズ湾の海岸線の形に注目すると……。
グラ：これもくっつく。
ジオ：そうだね。逆にいうと両者は引き裂かれているということ。このように，プレート・テクトニクスという理論で大陸移動説が説明できることになったんだ。そして，このプレート間には，相対運動が生じていてその運動は三つある。拡がるプレートと狭まるプレート，そしてずれるプレート。
　　世界のプレートの分布をみると，いくつかに分けることができて，各プレートが相対的に動いていることがわかるんだ。これは，アフリカプレートを動かないものとみなした時の各プレートの相対的な動きを示したものだよ（図Ⅰ-10）。
グラ：プレート同士がいろいろな方向に動いているのね。
ジオ：そう。狭まるプレート境界では，プレート同士がぶつかりあったり，プレートがも

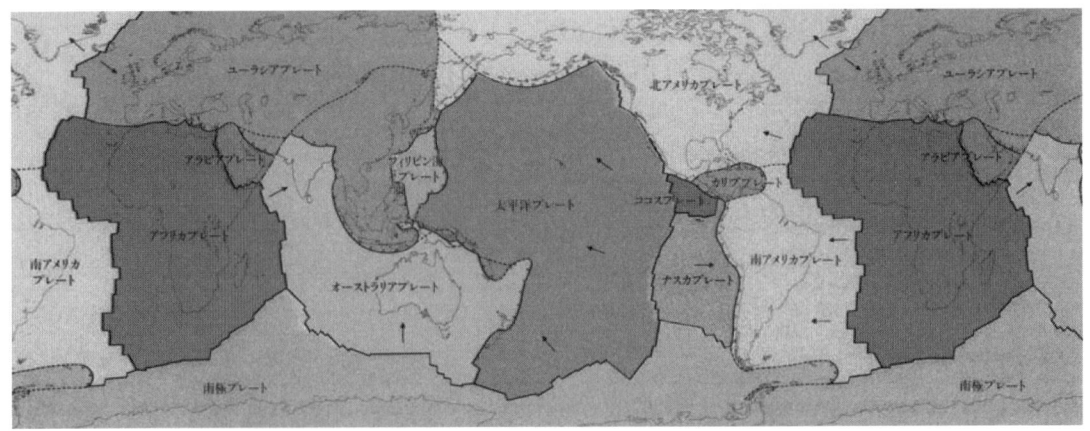

図Ⅰ-10 世界のプレート分布（米倉・池田 1983）

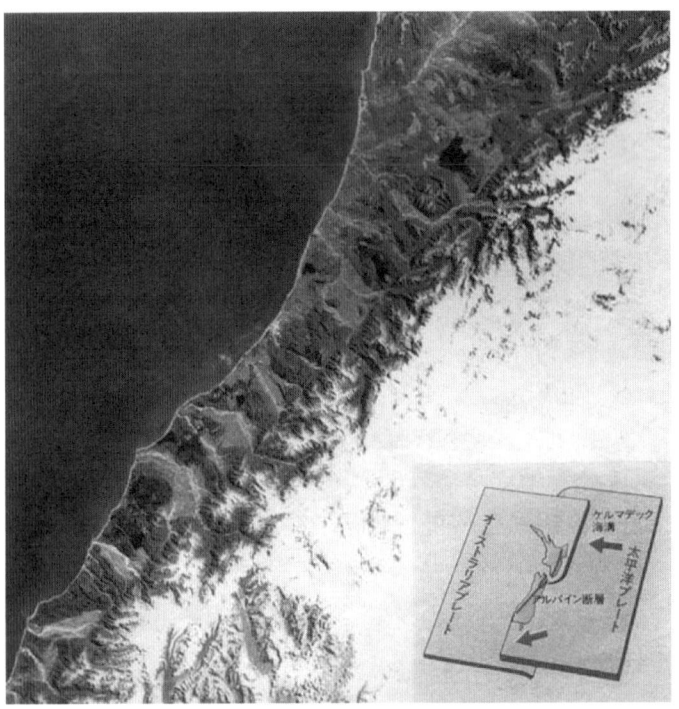

写真Ⅰ-7 アルパイン断層（太田 1985）

ぐり込んで消失して，海溝や弧状列島，造山帯が形成されるんだ。これは，太平洋の西部や北部の太平洋プレート，東部のナスカプレート，インド洋北東部のオーストラリアプレートでみられるし，スマトラ島沖の大地震の震源地もこのプレート境界にあたる。また，ニュージーランドをみると，太平洋プレートとオーストラリアプレートの境界部にあたるんだ。

グラフィー，ニュージーランドの南島に走るアルパイン断層の断層線をみてごらん（写真Ⅰ-7）。

グラ：まっすぐな線がはっきりとしている。

ジオ：北島では太平洋プレートの上にオーストラリアプレートが，南島ではオーストラリアプレートの上に太平洋プレートがのっかる形になっている。北島と南島では，プレート同士がくさび状に入り込んでいて，将来，北島と南島がねじれ状態になると予測されているんだ。
グラ：その後はどうなるの？
ジオ：ニュージーランド沈没かなぁ。
グラ：……。
ジオ：次に，拡がるプレート境界をみると，ここではプレートが生産されて，プレート同士が遠ざかっているんだ。その結果，アフリカプレートと北米プレート，南米プレートとの境界部に大西洋中央海嶺が，太平洋プレートとナスカプレートとの間に東太平洋海嶺ができたんだよ（図Ⅰ-10）。

◆ ハワイが日本に近づいている

ジオ：太平洋プレートは年に数cmずつ北西に動いていて，これにのっかってハワイ諸島が移動しているんだ。
グラ：諸島は南東から北西方向に一列に並んでいるね（図Ⅰ-11）。
ジオ：そう。ハワイの島の大きさと山の高さにも注目してみて。北西部のカウアイ島のカ

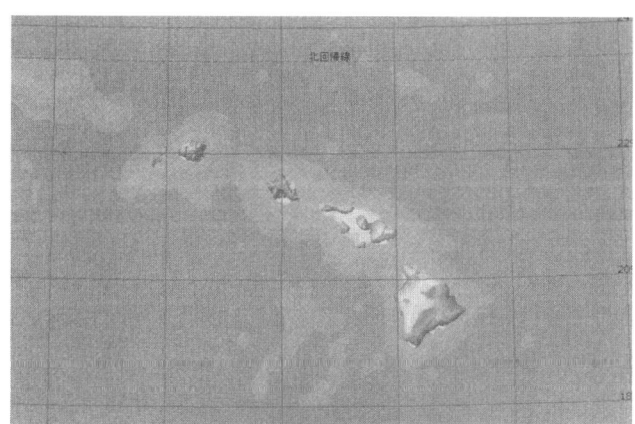

図Ⅰ-11　ハワイ諸島（マイクロソフト 2001）

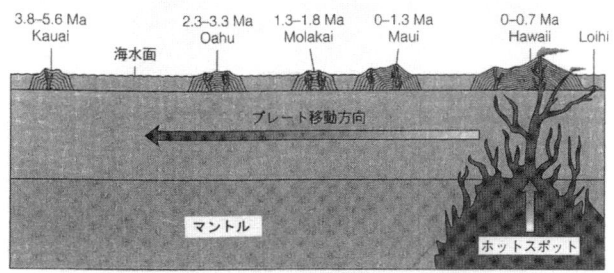

図Ⅰ-12　ハワイ諸島形成の模式断面図（ピプキン・トレント 2003）

ワイキニ山は標高 1576m で，今から 560 万年前〜 380 万年前に形成されたもの。これに対して，南東部のハワイ島のマウナケア山は 4205m の高さで，70 万年前から現在にかけて形成されているんだ。

これを横からみると，左から右に向かって新しくなっている（図Ⅰ-12）。つまり，ホットスポットというマグマだまりがあって，その上をプレートが移動すると，マグマが上昇して火山が形成される。

グラ：ハワイ諸島は，太平洋プレートにのって北西方向に移動しているから，南東部ほど島は若くて，規模は大きんだ。

ジオ：ある学生が，「それじゃ，ハワイが将来日本に近づいて，日本は暑くなるのですか？」と聞いたらしいよ……。

グラ：……。

ジオ：3 番目にずれるプレート境界，これはプレート同士がずれて変形している。これをトランスフォーム（変形）断層というんだ。北米プレートと太平洋プレートの動きをみると，横ずれしていることがわかる（図Ⅰ-10）。

グラフィー，カリフォルニア半島の形に注目してみて（図Ⅰ-13）。

グラ：大陸に沿って，細長いね。

ジオ：以前は大陸にくっついていたのが，過去 400 万年の間に横ずれ断層によって引き裂かれてしまった。ここには南北約 1000km の断層線が走っていて，これをサンアンドレアス断層というんだ（写真Ⅰ-8）。

グラ：この地域で地震が多発する原因はこの断層なの？

ジオ：そう。断層線上にあるサンフランシスコやロサンゼルスはこれからも危険な地域なんだよ。

ところで，このサンアンドレアス断層にミサイルを落として，サンフランシスコや

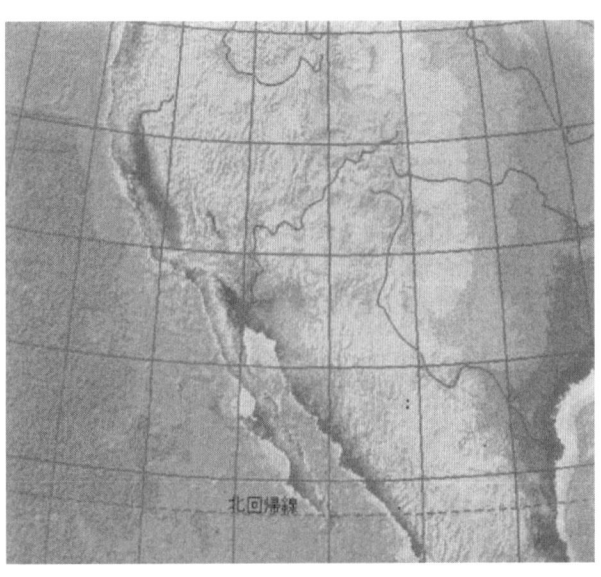

図Ⅰ-13　カリフォルニア半島（マイクロソフト 2001）

2. プレート・テクトニクス　17

写真 I -8　サンアンドレアス断層（米倉・池田 1983）

写真 I -9　スーパーマン
（ワーナー・ブラザース映画会社 1978）

　　　ロサンゼルスを破壊しようとくわだてたけど，それがある人物によって助かった映
　　　画があるんだ。グラフィー知ってる？
グラ：ううん。
ジオ：「スーパーマン」なんだ（写真 I -9）。
グラ：えっ？……。
ジオ：地理学と映画というのは全く無関係のようにみえるけど，映画にはさまざまな地理
　　　的事象が映しだされているんだよ。
　　　この映画の主人公はクリストファー・リーブという人。彼は数百人の応募者のな
　　　かから選ばれた後，半年間はヘビー級のボクサーなみの筋力トレーニングをして
　　　この体をつくったんだ。ところが，1998年に落馬して首の骨を折ってしまったん
　　　だ。その後のリハビリで驚異的な回復力をみせて，まさにスーパーマンだったけど，
　　　2004年10月10日に52歳で亡くなってしまった。
グラ：……。
ジオ：この映画は，レックス・ルーサーという極悪人がアメリカの陸軍と海軍が発射した
　　　2基の大陸間誘導ミサイルを制御不能にして，アメリカの二つの地域に落とすとい
　　　うもの。一つは東海岸のニュージャージー州のハケンサック。ここはスーパーマン
　　　を助けたイブ・テッシュマーカーという女性の母親が住んでいるところなんだ。
　　　そしてもう一つのミサイルは，西海岸のサンアンドレアス断層。ここにミサイルを
　　　落として，地震を発生させて諸都市を壊滅させるというもの。

◆ スーパーマンが地殻で持ち上げたもの

ジオ：この映画で圧巻なのは二つ。一つはスーパーマンがリソスフェアとアセノスフェアとの境界部分に入って（図Ⅰ-2），リソスフェアを持ち上げて，サンアンドレアス断層の地割れと陥没を元に戻すシーン。

グラ：……。

ジオ：そして，もう一つのポイントは，スーパーマンの彼女のロイスという新聞記者が，地割れに車ごと落ちて死んでしまう。その彼女を生き返らせようとして，地球の周りを高速で逆回転する。その遠心力で地球を逆回転させて，時間を元に戻して，彼女を生き返らせるというもの。愛は地球をも逆回転させる……。

グラ：……。

b．プレートと地震や火山

ジオ：次に，プレートと地震の発生や火山活動との関係をみてみると，プレートの弾性，これが地震を発生させる原因だね。

グラ：プレートって板のことでしょ？

ジオ：そう。板だから圧力が加わると元に戻ろうとする力が働く。これを弾性というんだ。グラフィー，下敷きやプラスチックの定規を曲げて，片方を離すと？

グラ：元に戻るけど……。

◆ プレートのストレス解消

ジオ：これが弾性だね。プレート性の地震とよくいうけど，これは数年から数百年の間に貯えられてきたエネルギーが瞬時に放出されたものなんだ。
　　　プレート君やプレートちゃんのストレス解消，これが地震なんだ。人間もストレスをためにためると爆発するよね。男女間の付き合いと同じ。つまり，あまりにしつこいとそのうちバシッと平手打ちをくらう。

グラ：……。
　　　ジオ，なぜ特定の地域で地震が発生するの？

ジオ：地震の分布をみてみると，プレートの境界と地震の発生個所がほぼ一致していて（図Ⅰ-14），プレート性の地震の多発していることがわかるよね。つまりプレートの境界部では，プレートの相互作用によって地震が発生するんだ。

グラ：そういえば，中米や西アジアから中央アジアにかけての地域では地震の被害が大きいわね。

ジオ：中米地域は，太平洋プレート，ココスプレート，カリブプレート，ナスカプレート，

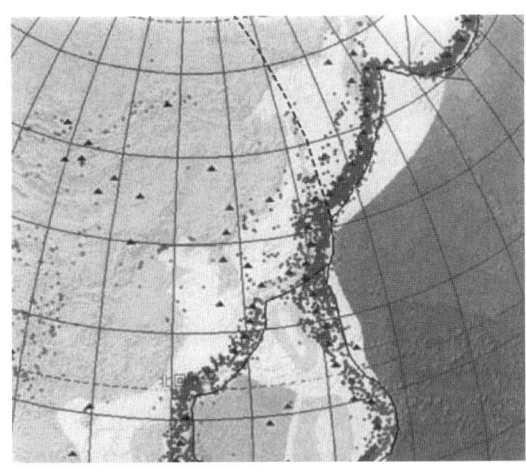

図Ⅰ-14 プレート境界と地震の分布
（マイクロソフト2001）

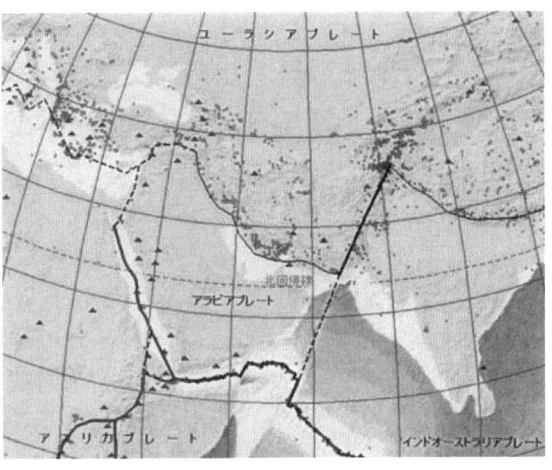

図Ⅰ-15 西アジア・中央アジア（マイクロソフト2001）

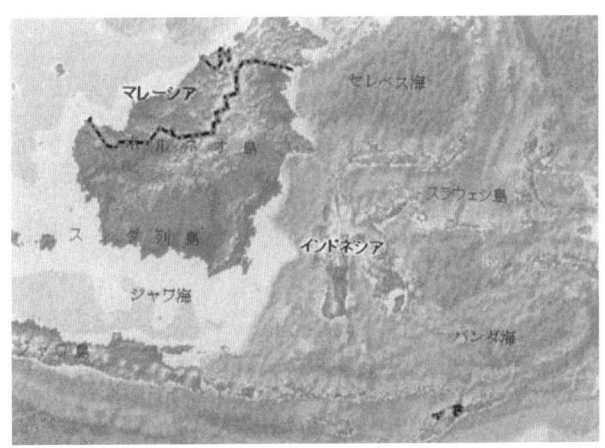

図Ⅰ-16 スラウェシ島周辺の地形（マイクロソフト2001）

　　　北米プレート，南米プレートのそれぞれの境界部にあたるんだ。メキシコシティ周辺の農村地帯では，アドベという日乾しレンガで家がつくられている。市街地も一見コンクリートの柱のビルでも，なかはスカスカ。

グラ：今よくいわれている手抜き工事なのね。

ジオ：1068年のメキシコオリンピックの会場となったところは，湖を干拓してつくられたんだ。こういった地域でひとたび地震が発生すると，液状化現象が生じて地盤沈下したり，ビルや家屋の倒壊で人間は圧死してしまう。

グラ：……。

ジオ：また，西アジアから中央アジアは，アラビアプレート，ユーラシアプレート，インド・オーストラリアプレートの境界部にあたっていて（図Ⅰ-15），ここでもメキシコと同じように，日乾しレンガの建物で地震の被害が大きいんだ。

　　　それから，東南アジアにスラウェシ島という島がある（図Ⅰ-16）。

グラ：何かいびつな島の形をしてるね。

20　第Ⅰ部　地　球

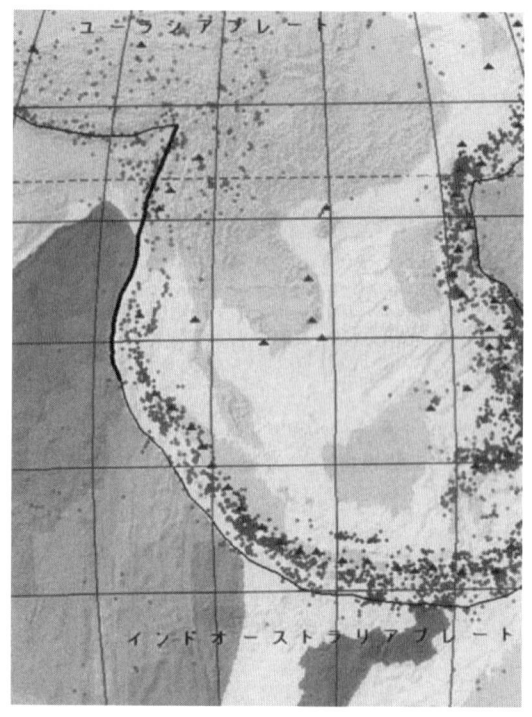

図Ⅰ-17　スマトラ島周辺のプレート（マイクロソフト2001）

ジオ：ここには，四つのプレートが集中していて，この島はユーラシア，フィリピン海，インド・オーストラリア，太平洋の各プレート境界部にあたるんだ。つまり島が引っ張られて伸びきった状態になって，今にも引きちぎられようとしている。

グラ：ジオ，2004年の12月26日におきたスマトラ島沖の大地震とインド洋大津波もプレートと関係があるの？

ジオ：そう。ここでは，インド・オーストラリアプレートがユーラシアプレートの下にもぐりこんでいて（図Ⅰ-17），南北約1000kmのプレート境界が動いて，あの大地震と大津波になった。津波は，普通の波と違って，大きなうねりのまま押しよせるんだ。

グラ：これまであまり認識されていなかった津波の恐ろしさを，あの地震で知ることになったよね。

ジオ：次に，日本の地震についてみてみようか。

グラ：日本ではなぜ地震が多発するの？

ジオ：理由は三つあって，プレート性の地震と火山活動による地震，そして活断層の地震。まず，プレート性の地震についてみてみると，日本列島はユーラシアプレート，フィリピン海プレート，太平洋プレート，北米プレートの上にのっていて，北米プレートはくさび状に入り込んでいるんだ（図Ⅰ-18）。

太平洋プレートは年に10.5cm沈み込んでいる。1年単位では少ないけど，1万年

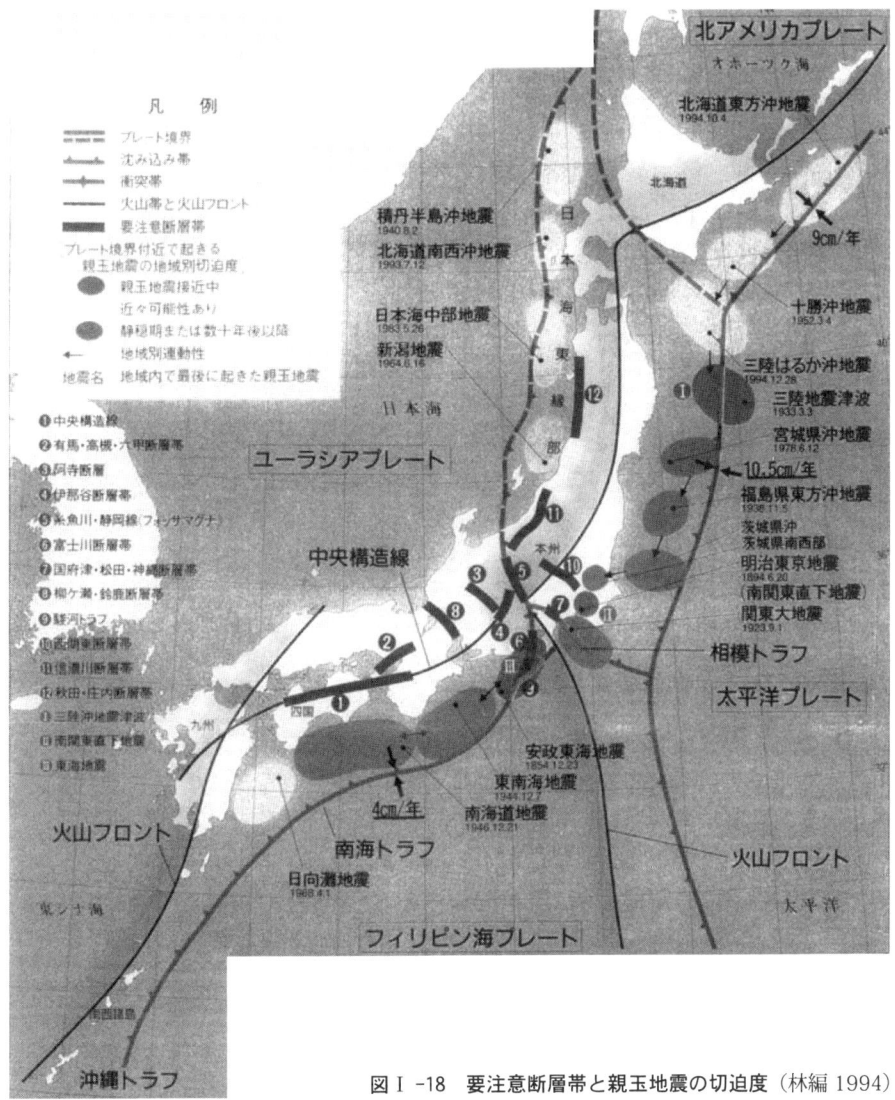

図Ⅰ-18 要注意断層帯と親玉地震の切迫度（林編 1994）

　　　後には約 1000 m も沈み込むことになる。
グラ：こうした沈み込み帯のところで地震が発生しているのね。
ジオ：一方，フィリピン海プレートは年に 4cm 沈み込んでいる。プレート性地震と断層性地震の発生予想箇所が，トーンの違いで示してあるけど，これは切迫度の違いなんだ（図Ⅰ-18）。
　　　また，ユーラシアプレートと北米プレートとのせめぎ合いがみられて，実はこれが原因となって日本海地震や中部沖，奥尻島沖の地震が発生した。この二つのプレートの境界部がこれらの震源地になっているんだ。
グラ：日本で地震の多発する理由の二つめは？
ジオ：それは1995年の1月17日，阪神・淡路大震災の原因となった活断層なんだ。この活断層というのは，過去200万年間，この時期を新生代の第四紀というけど，

22　第Ⅰ部　地　球

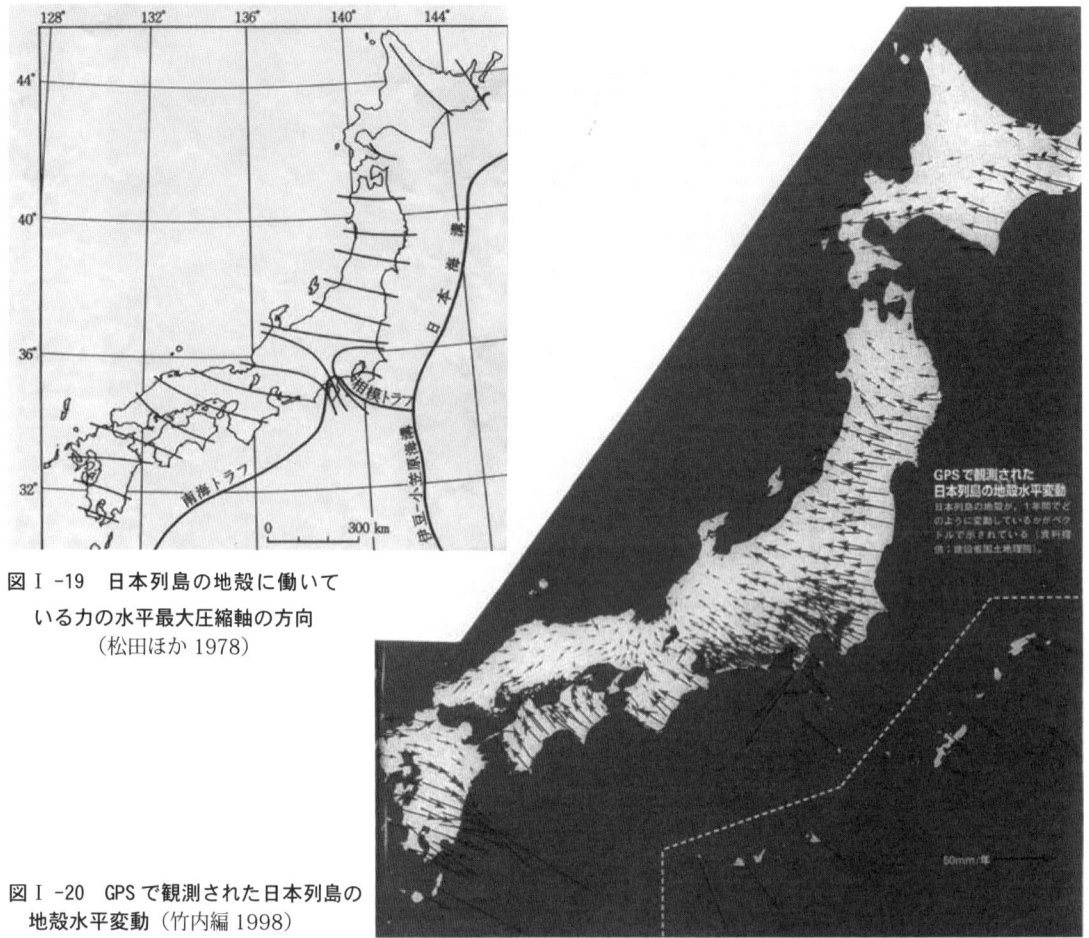

図Ⅰ-19　日本列島の地殻に働いている力の水平最大圧縮軸の方向（松田ほか 1978）

図Ⅰ-20　GPS で観測された日本列島の地殻水平変動（竹内編 1998）

　　　　　この時期に活動している断層のことをいうんだよ。
グラ：では，なぜ活断層が生じるの？
ジオ：これは，日本列島の地殻に働いている力の水平最大圧縮軸の方向を示したもので（図Ⅰ-19），地下でプレート同士が押し合っている方向なんだ。
　　　　太平洋側と日本海側はともに押し合っていて，現在も中部山岳地帯は隆起している。特に太平洋側の横圧，つまり水平圧力が強くて，東から西方向のプレートの圧縮によって，地表面近くでは活断層の横ズレが生じているんだね。この圧力に耐えきれずに，日本列島の地層がペキペキと折れるような状態になっている。鳥取の西部地震や新潟の中越地震の原因がこれなんだ。
　　　　これは，地殻が1年にどのように変動しているかをベクトル表示したものだよ（図Ⅰ-20）。
グラ：全般的には，東から西や北西方向への動きが多いけど。
ジオ：九州と沖縄は逆に南東方向，つまり南海トラフの方向に引きずり込まれているよね。こういう動きのなかで，グラフィー，伊豆半島に注目してごらん。相模トラフや南

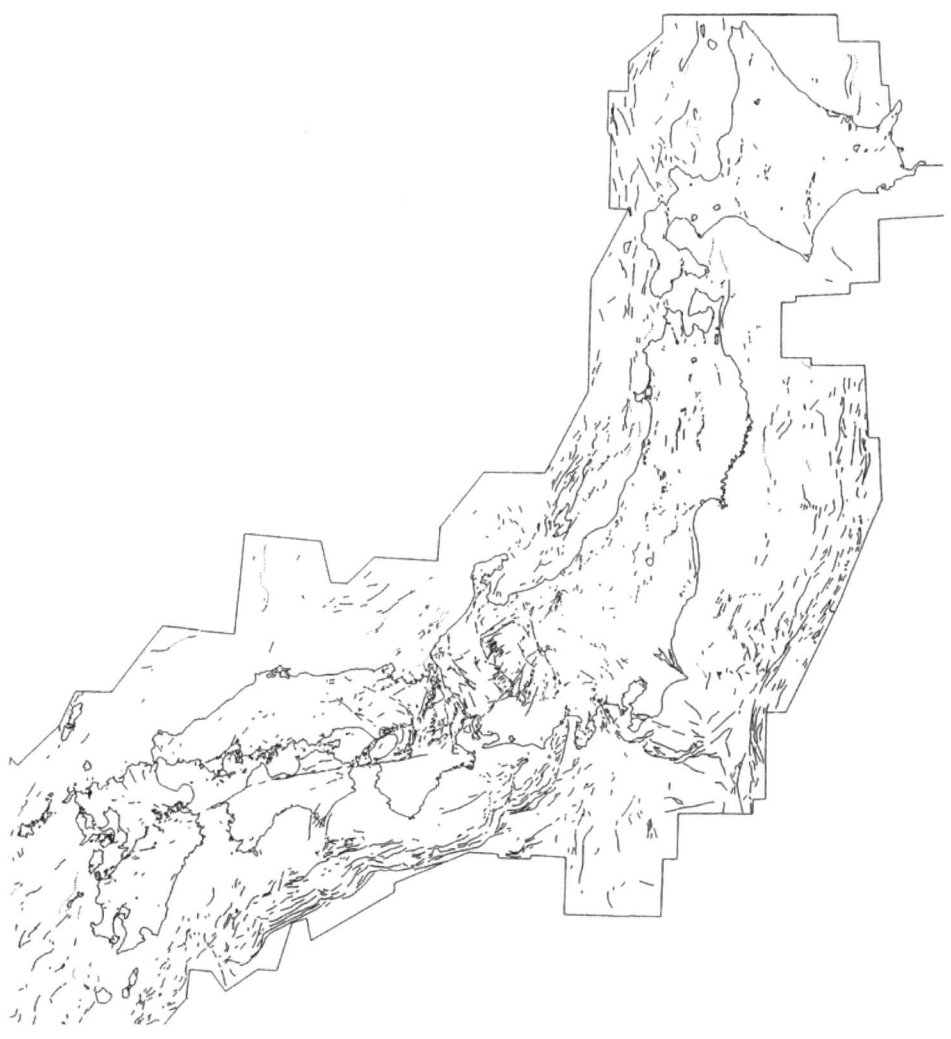

図I-21　日本列島とその周辺の活断層（松田 1992）

　　　　海トラフの方向に強い水平変動を示している。
グラ：伊豆半島が引きちぎられそうな強い動きが生じているみたい。
ジオ：さらに最新のデータでは，東海地方では南東方向に逆移動していて，この地域は非常に複雑な動きをみせているんだ。
　　　　また，プレート境界部の地震と活断層の地震の違いをみると，プレート境界部の地震は一連の地震が連続して起こるのに対して，活断層の地震は直下型の大規模な地震が1回〜数回発生してその後収束するんだ。

◆ ペキペキ折れる日本列島

ジオ：これは日本列島とその周辺の活断層の状況をみたものだけど（図I-21），日本列

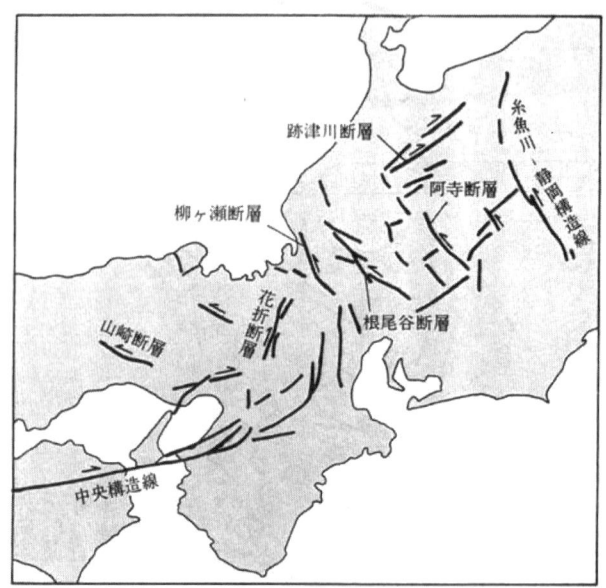

図I-22 中部・近畿地方の主な活断層（松田1992）

島がペキペキ折れているような状況なんだ。
グラ：こうしてみると，日本列島はシワだらけね。
ジオ：そうしたなかで，和歌山をみると活断層がなくて，愛媛と高知では活断層が少ない。ところが，沖合に南海トラフがあって，多重の活断層地帯になっているんだ。

つまり，日本列島のどこに住んでいても，活断層による地震の被害を受ける可能性は同じで，日本には安全なところはない。だから，われわれは日本と心中する覚悟で生きていくしかないんだ。
グラ：……。
ジオ：次に，中部と近畿地方の活断層の様子をみると（図I-22），全般的には南北方向や北西から南東方向に断層が走っていて，矢印は横ズレの向きを示している。この地域で，今後予想される活断層による地震の発生箇所として，山崎断層，花折断層，養老断層，そして知多半島沖の断層があるんだ。
グラ：知多半島沖の活断層？ ないよ……。
ジオ：ちゃんとあるんです。

伊勢湾断層というのが（図I-23）。知多半島に平行して南北の断層線が走っている。グラフィー，この近くに何が建設された？
グラ：セントレア……。
ジオ：そう。しかも断層線の近くに（写真I-10）。

空港は断層崖の東の水深20mよりも浅い所に埋め立てをして建設された。
グラ：どうして，ここが空港に決まったの？この断層が動いたら，セントレアはどうなるの？

2. プレート・テクトニクス　25

図Ⅰ-23　中部地方の活断層（中日新聞社 1995）

写真Ⅰ-10　セントレア（中日新聞社 2005）

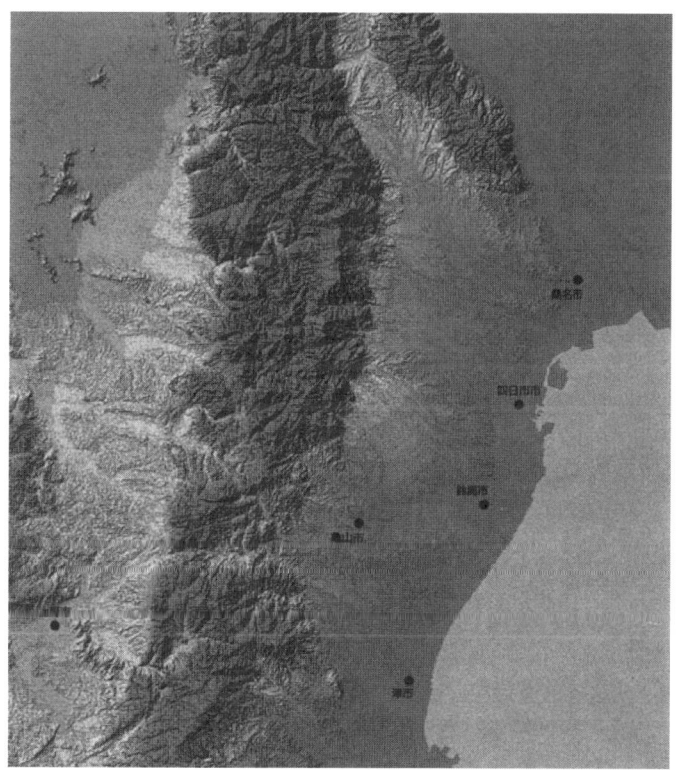

図Ⅰ-24　三重県北勢地域のコンピュータマップ（飯田ほか監 1996）

ジオ：わからない……。

　　　また，これは三重の北勢地域のデジタルマップで，立体的に図示したものだけど（図
　　　Ⅰ-24），鈴鹿山地や養老山地の東麓に，直線状のラインがみえるよね。

26　第Ⅰ部　地　球

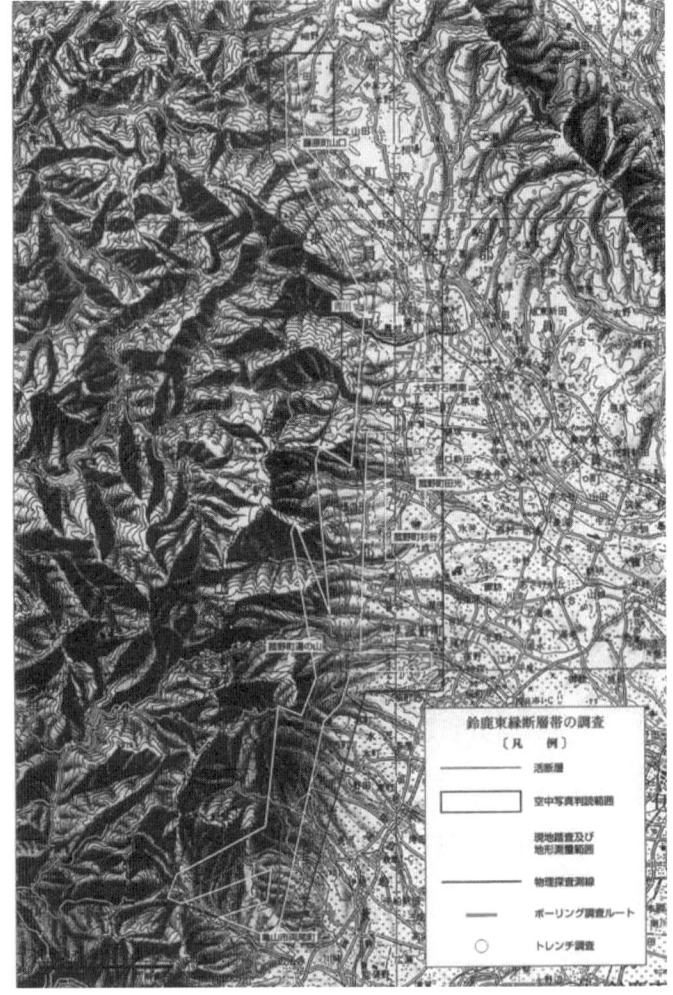

図Ⅰ-25　鈴鹿東縁断層帯の調査（飯田ほか監 1996）

グラ：線がシャープね。
ジオ：これが活断層で，旧海津郡の南濃町（現海津市）から，旧多度町（現桑名市）にかけて，また旧員弁郡（現いなべ市）から亀山市にかけてが危ないんだ。また，いなべ市の旧藤原町から亀山市にかけては，活断層線が南北に連続して走っている（図Ⅰ-25）。
　　　これは三重県周辺の断層線をみたものだけど（図Ⅰ-26），北勢や中勢を中心に南北に，伊賀地域では北東から南西方向に断層が走っている。南勢地域には目立った活断層はみられないけど，伊勢自動車道は断層線に沿って走っているんだ。
グラ：……。

ジオ：次に，1995 年の 1 月 17 日に起きた阪神・淡路大震災について検証してみよう。規模はマグニチュード 7.2 で，最大震度は 7。15 秒間のゆれで 6425 人（1997.7.17

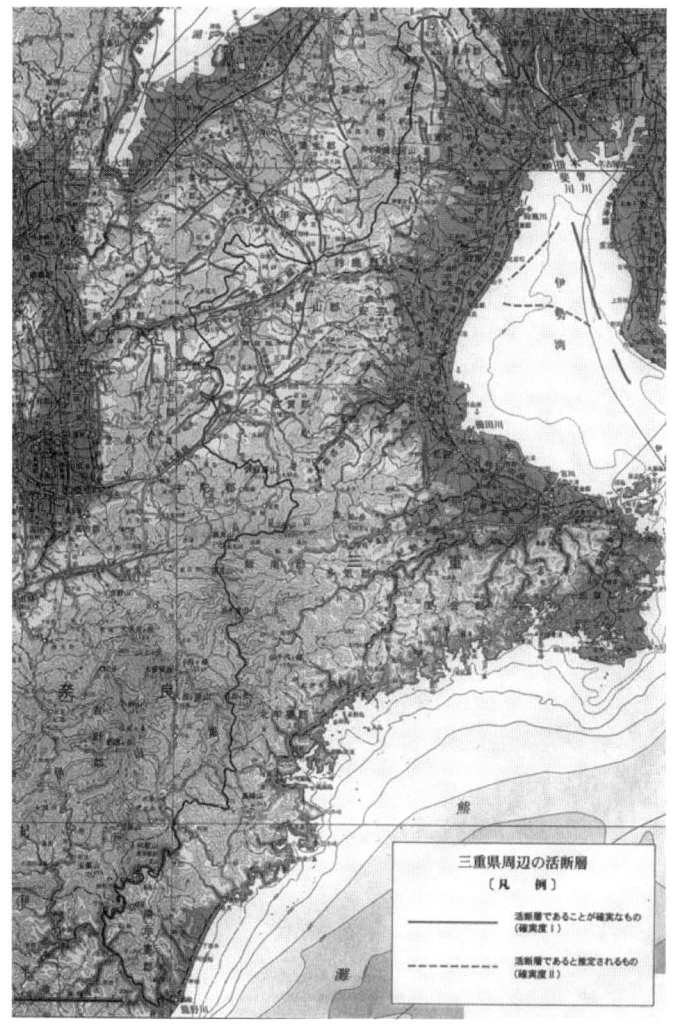

図Ⅰ-26 三重県周辺の活断層（飯田ほか監 1996）

発表）が犠牲になり，被害総額が約10兆円という甚大な被害になったんだ。被災者によると，この15秒間がとてつもなく長く感じたらしい。

グラ：……。

ジオ：この地域の衛星写真をみると（写真Ⅰ-11），南東から西にかけて関空や六甲アイランド，ポートアイランド，明石海峡大橋がある。グラフィー，北東から南西方向に直線状のラインがあることに注目してね。

この地域の活断層の分布をみると（図Ⅰ-27），神戸付近では断層線が二重になっている。六甲断層とその背後に東西に走る有馬・高槻断層がそれなんだ。

この地域には，六甲アイランドやポートアイランドがあって，神戸市街地は非常に狭いんだ。縦線で示されている震度Ⅶの分布域にＪＲ線，阪神高速，私鉄が走っていて，こうしたライフラインの破損や倒壊地点が目立っている（図Ⅰ-28）。

写真 I -11　近畿地方（写真化学 1997a）

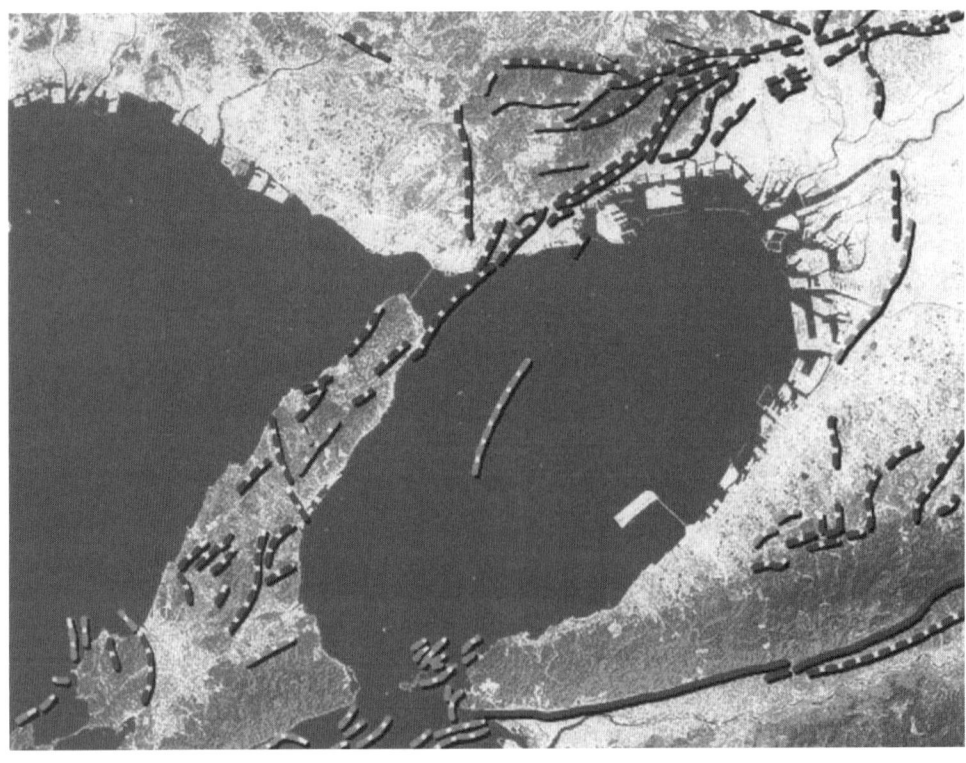

図 I -27　近畿地方の活断層（写真化学 1997a）

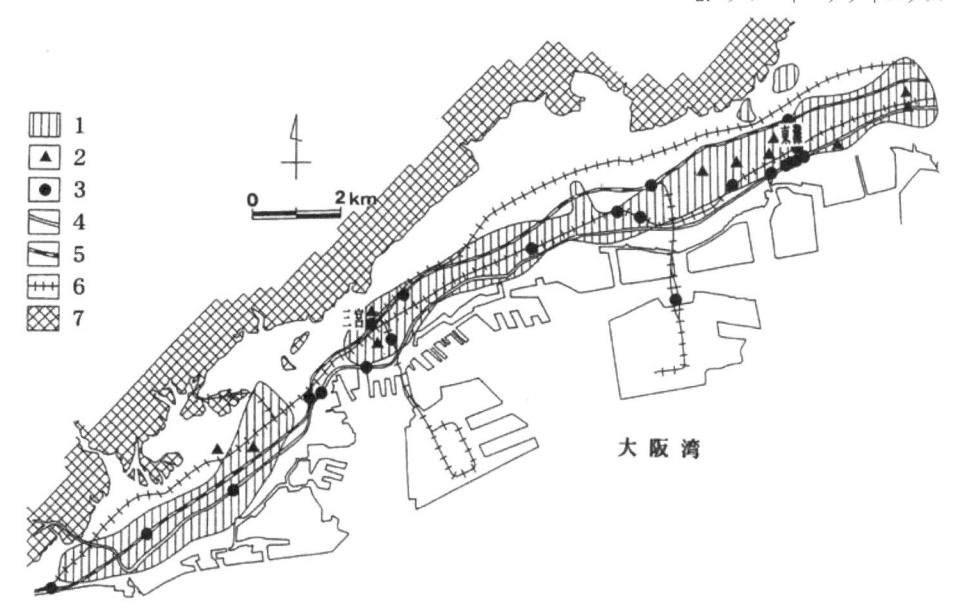

1. 震度Ⅶ分布域 2. 建物被害が著しい地域 3. 鉄道・高速道路の破損・倒壊地点 4. 阪神高速道路 5. JR線
6. JR線以外の鉄道 7. 六甲山地
震度Ⅶの分布は気象庁発表の資料による．その他の被害状況は現地踏査に基づいた．

図Ⅰ-28　阪神・淡路大震災の被害状況（高橋1996）

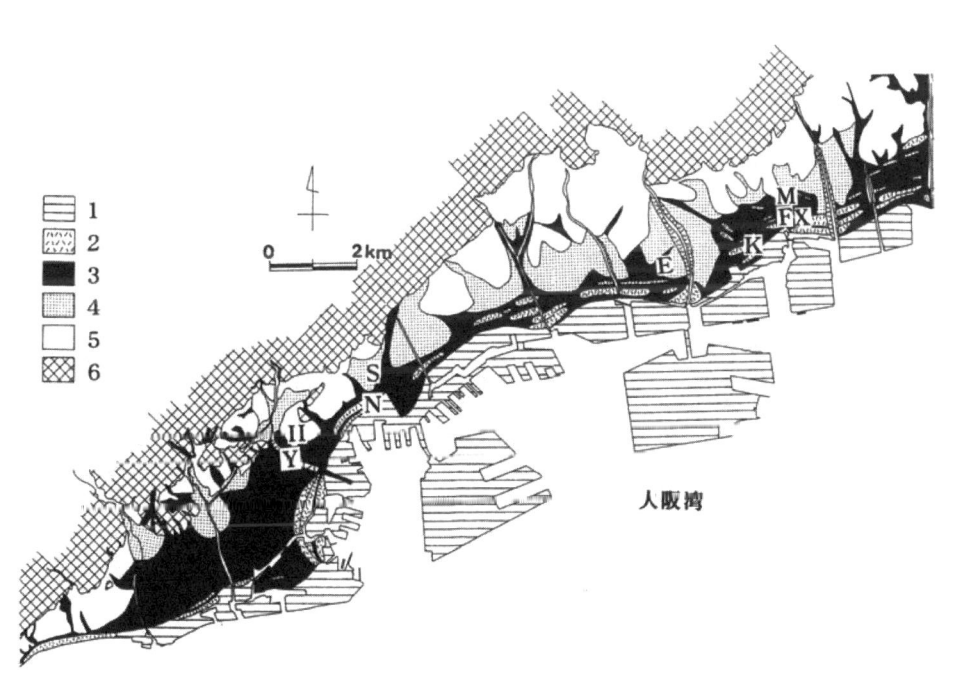

1. 埋立地 2. 砂堆・自然堤防・天井川沿い微高地 3. 三角州帯・開析谷 4. 扇状地帯 5. 河岸段丘面
6. 山地・丘陵
S：三宮　　N：南京街　　Y：新開地・湊川　　H：神戸大学医学部付属病院　　X：阪神高速道路大規模倒壊地点
E：住吉東古墳　　F：深江北町遺跡　　K：北青木遺跡　　M：本山遺跡

図Ⅰ-29　六甲山地南麓平野の地形分類略図（高橋1996）

この地域の地形をみてみると（図Ⅰ-29），黒の海成層の分布域が海岸線近くに平行しているよね。神戸市街地は，こうした軟弱地盤を埋め立てたところに立地しているんだ。グラフィー，この2枚の図を重ね合わせてみてごらん。

グラ：軟弱地盤のところに被害が集中している……。

ジオ：木造家屋を中心に，倒壊が集中した地域なんだ。これまでの神戸の災害をみてみると，プレート型地震は70年〜100年に1回起きている。直下型地震は500年〜1000年に1回，洪水は10年に1回ぐらいだね。

グラ：ということは，神戸は地震についてはしばらくは安心なの？

ジオ：とはいえない。中越地震やその後の中越沖地震のように，直下型地震は繰り返し起きている。神戸で今後注意しなければいけないのは，洪水だね。背後の六甲山地はもろい花崗岩からできていて，この地震で岩盤に亀裂が入ってさらにもろくなっている。ここに，ひとたび大雨が降れば，土砂災害となって，神戸に再び被害をもたらすことになるんだ。

グラ：……。

ジオ：次に人為的な地震についてみると，これは世界の地震分布を示したものだよ（図Ⅰ-30）。図の●は1995年に水爆実験の実施された地点で，ここはポリネシアのフランス領ムルロア環礁といって，太平洋プレートとナスカプレートとの境界付近にあたる。この水爆実験の後に，メキシコやフィリピン，日本などの太平洋沿岸地域で相次いで地震が発生したんだ。

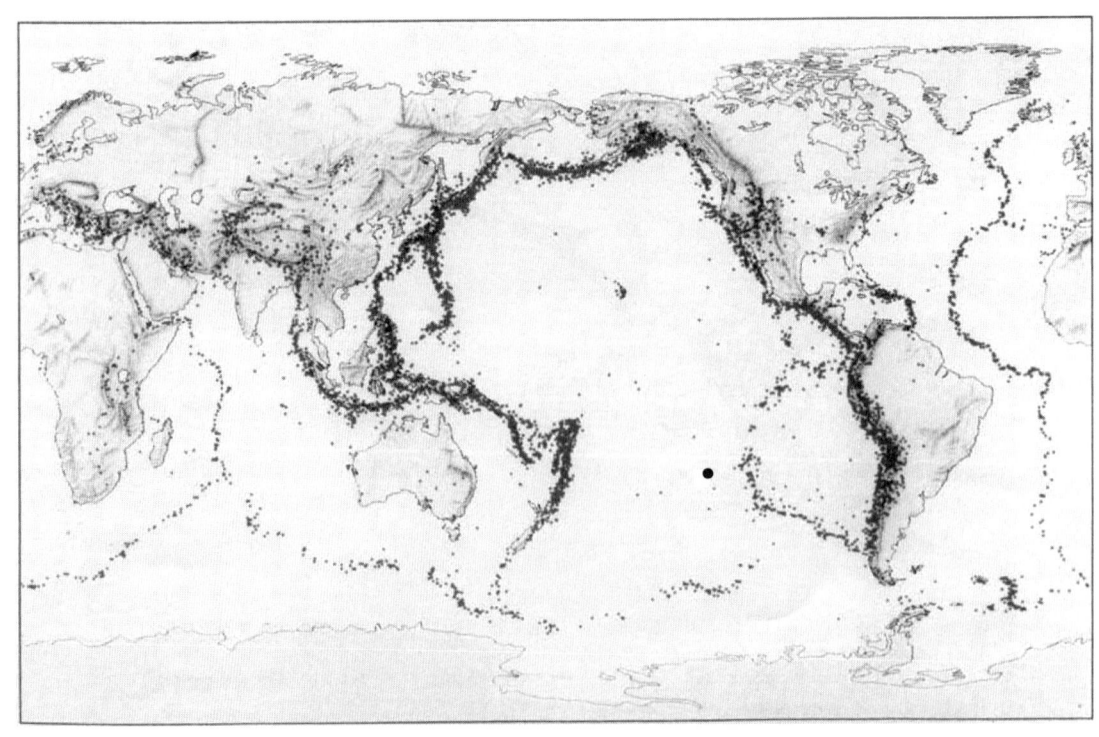

図Ⅰ-30　世界の地震分布（米倉1983に一部加筆）

また，1998年の5月28日と30日にはパキスタンの西部で核実験が実施されたけど，翌日の31日にアフガニスタンの北部で地震が発生した。グラフィー，僕は人為的な地震も起こるのではないかと思うんだ。

グラ：え？

ジオ：もう一度，近畿地方の主な活断層の分布をみてごらん（図I-27）。阪神・淡路大震災の原因は，六甲断層と東西に走る有馬・高槻断層といわれている。でも，震源地は淡路島の旧北淡町(ほくだん)（現淡路市）から明石海峡のつけねに変更されたんだ（写真I-11）。

グラ：それはなぜ？

ジオ：明石海峡大橋は1988年の5月1日に工事を着工して，98年の4月5日に開通した。つまり，完成まで10年もかかったんだ。

グラ：なぜ，大橋の完成がこれほどに遅れたの？

ジオ：それは，建設予定地を活断層が走っているからで，橋の橋脚を立てるために，地下深く1000 m～2000 mのボーリングをしたんだ。このボーリングが活断層を刺激しなかったか？

グラ：……。

ジオ：地下深くボーリングした穴に爆薬をしかければ，地震を発生することができる。映画の「スーパーマン」では，ミサイルを断層に落として地震を発生させたよね。阪神・淡路大震災の原因も考え直す必要があるかもしれないね。

◆ 地震がおきたら

ジオ：グラフィー，あの大震災で神戸市で亡くなった人の約6割が20代の一人暮らしの若者だったんだ。

グラ：……。

ジオ：都会に住んでいると，部屋の隣の人や近所の人を知っている人は少ないし，毎日挨拶をしてコミュニケーションをはかることもなくなっている。

グラ：どこどこの家は何人家族で，家族構成は誰々ということを把握できてないことが多いね。日本では，核家族化や単身住まいが増えたことで，地域でのコミュニケーションが失われつつあるわね。

ジオ：ところが，震源地に近い旧北淡町では，震災にあった際の安否確認と地域コミュニケーションが十分にはかられて，救出活動が迅速に対応できて，死亡者はきわめて少なかったんだ。旧北淡町でのこうした救出活動は，地域コミュニティーの大切さをわれわれに教えてくれたんだ。

グラ：近い将来，必ずやってくる巨大地震に対して，日本人がいかに対処すべきかを真剣に考える必要があるわね。

ジオ：その災害時の安否確認だけど，震災時には携帯電話はだめでもメールはつながるか

32　第Ⅰ部　地　　球

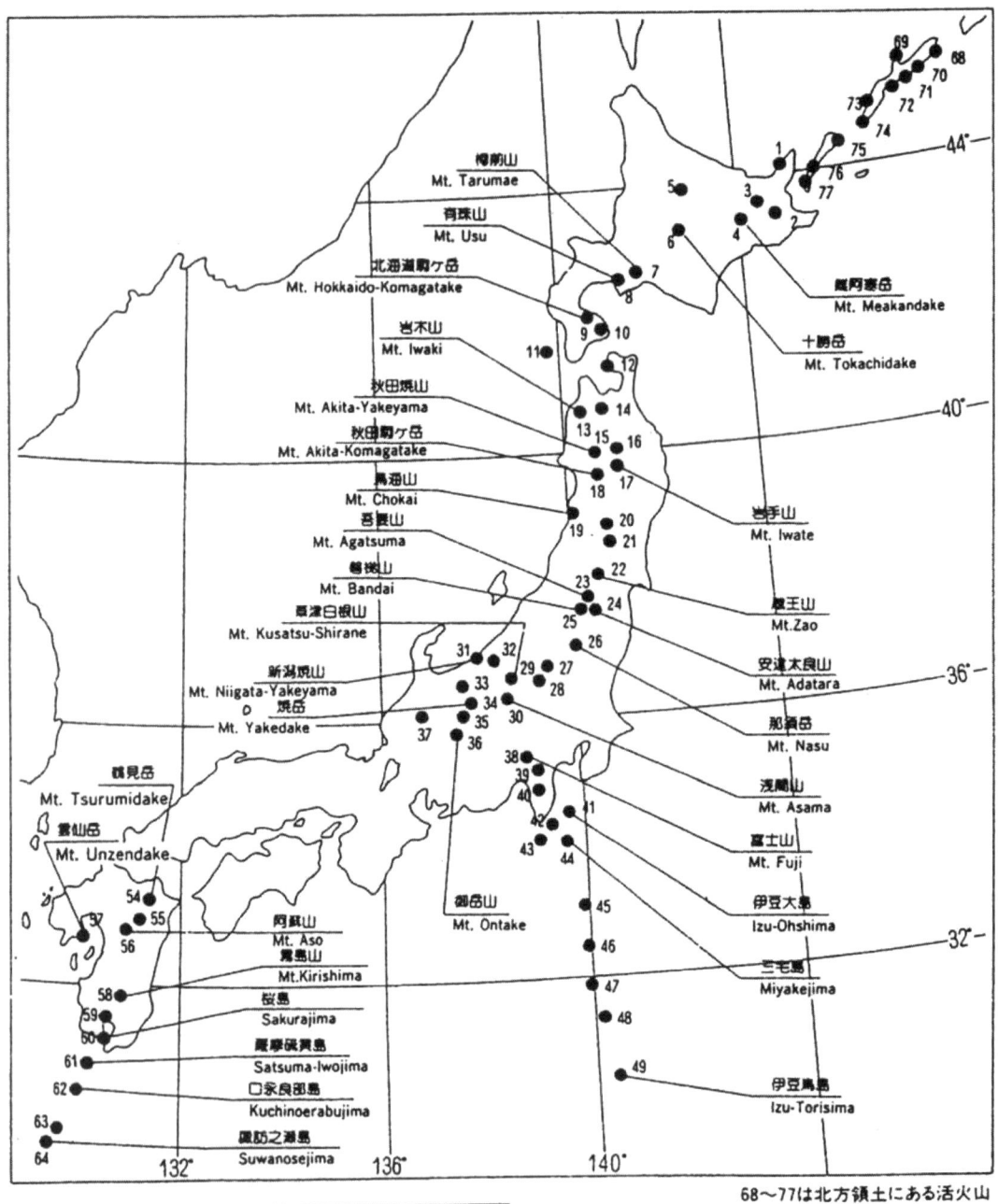

図Ⅰ-31　日本の活火山分布（全国治水砂防協会編 1988）

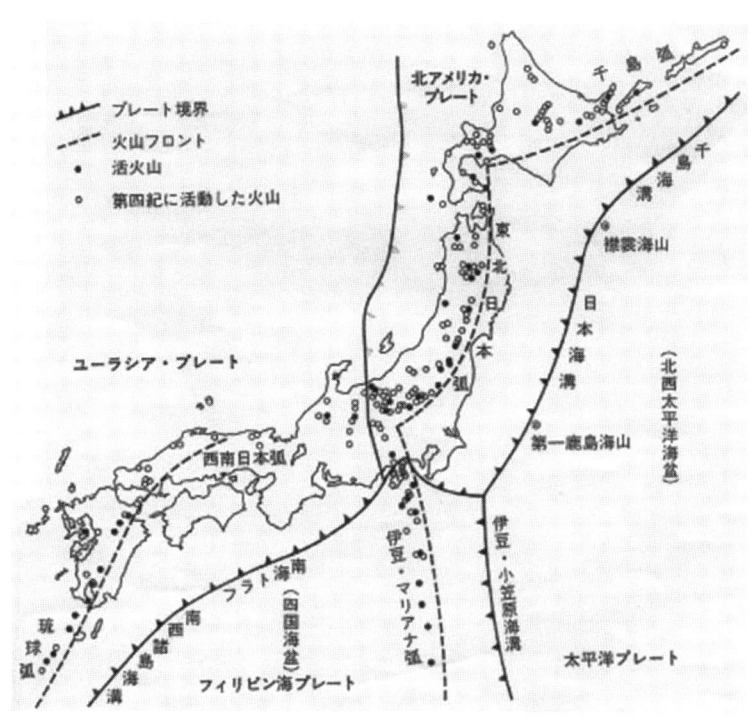

図Ⅰ-32　日本列島の火山前線とプレートの境界（斎藤 1992）

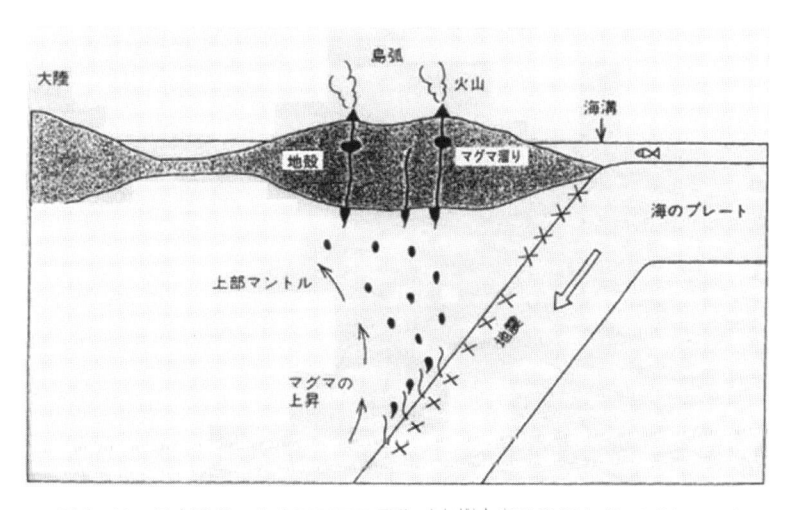

図Ⅰ-33　日本列島の火山の生成モデル（京都大学防災研究所ほか編 1987）

　　　　ら，家族や親戚のアドレスは登録しておいた方がいいし，地震にあった際の公園や
　　　　学校などの広域避難場所は家族で事前に確認しておいた方がいいね。
　　　　また，震災時には公衆電話などで家族との安否確認がとれるんだ。
グラ：家族との安否確認？
ジオ：うん。伝言を発信する場合は，171＋1＋市外局番＋自宅番号。伝言を受信する
　　　　場合は171＋2＋市外局番＋自宅番号。これも家族で周知しておいた方がいいね。

34　第Ⅰ部　地　　球

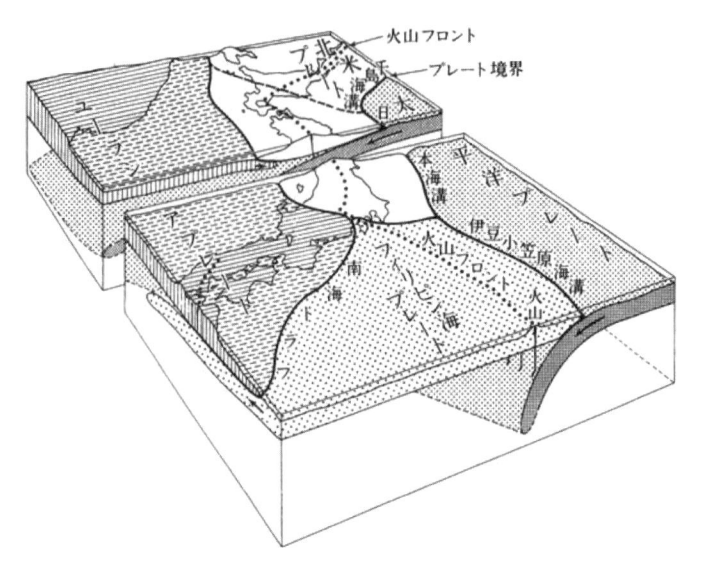

図Ⅰ-34　日本付近のプレート境界（貝塚 1987）

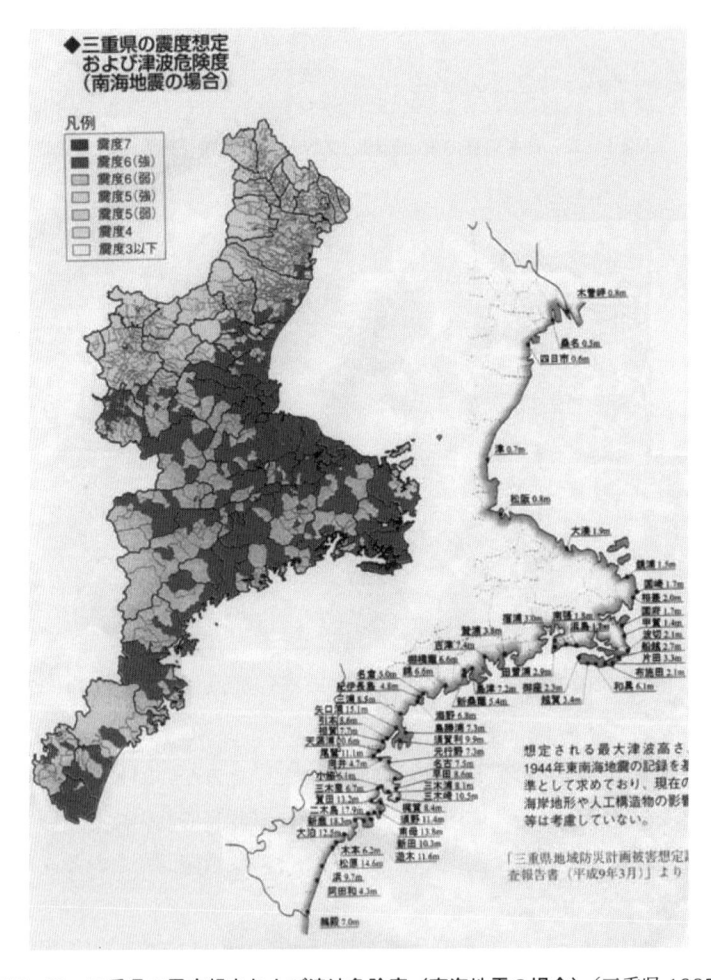

図Ⅰ-35　三重県の震度想定および津波危険度（南海地震の場合）（三重県 1997）

グラ：震災時の安否確認と地域コミュニケーションが重要なのね。

ジオ：次に，プレート運動と火山の分布について考えてみよう。まず日本列島の活火山の分布をみると（図Ⅰ-31），全部で111ヶ所あるんだ。

グラ：列島の中央部に火山が分布しているけど……。

ジオ：グラフィー，日本列島のプレートの境界と火山フロントの分布，活火山，そして第四紀に活動した火山，特に火山の分布と火山フロントのラインに注目してみて（図Ⅰ-32）。

グラ：どうして，火山フロントが列島中央部の内陸にあって，太平洋側にないの？

ジオ：日本列島の火山の生成モデルをみてみると（図Ⅰ-33），大陸地殻と海洋地殻のプレート同士の摩擦で熱が生じて，マグマが上昇して列島中央部で火山が形成されるんだ。

プレートの地下構造をみてみると，太平洋プレートはフィリピン海プレートと北米プレートの下に沈み込み，フィリピン海プレートはユーラシアプレートの下に沈み込んでいる。また，ユーラシアプレートは北米プレートの下に沈み込んでいて，北米プレートが浮いた状態になっているんだ（図Ⅰ-34）。

グラ：日本列島の地下って，複雑なプレートの構造をしているのね。

ジオ：もぐり込んだプレートが熱を帯びてマグマが上昇するところに……で示した火山

図Ⅰ-36　**日本列島と海底図**（埴原編 1986）

写真Ⅰ-12　日本列島（写真化学 1997b）

フロントができているんだ。九州でのプレートの構造をみると，ユーラシアプレートの下にフィリピン海プレートが沈み込んで，摩擦が生じている。そのために，普賢岳や阿蘇，桜島などの九州各地の火山の活動が続いているんだ。

◆ 津波がきたら

ジオ：次に，南海地震が起きた場合の三重県の震度や津波の高さをみると（図Ⅰ-35），震度6強の地域は中勢や南勢地域を中心に多い。また，尾鷲地域を中心に10 mを超える津波が想定されている。たとえば天満浦で20.6 m，大湊でも2 m。リアス海岸では津波が行き場を失って，湾奥で高くなるんだ。

グラ：地震が起きたら，津波がくることを忘れてはいけないのね。

ジオ：また，東南海地震が起きた際の伊勢湾岸地域の津波の危険性を考えてみると，伊勢湾の水深はわずか30 m。津波が伊勢湾に入ってくるとスピードは落ちるけど，高さが高くなる可能性があるんだ。

グラ：こうしてみると，地震災害はいつどこで起こるかわからないわね。

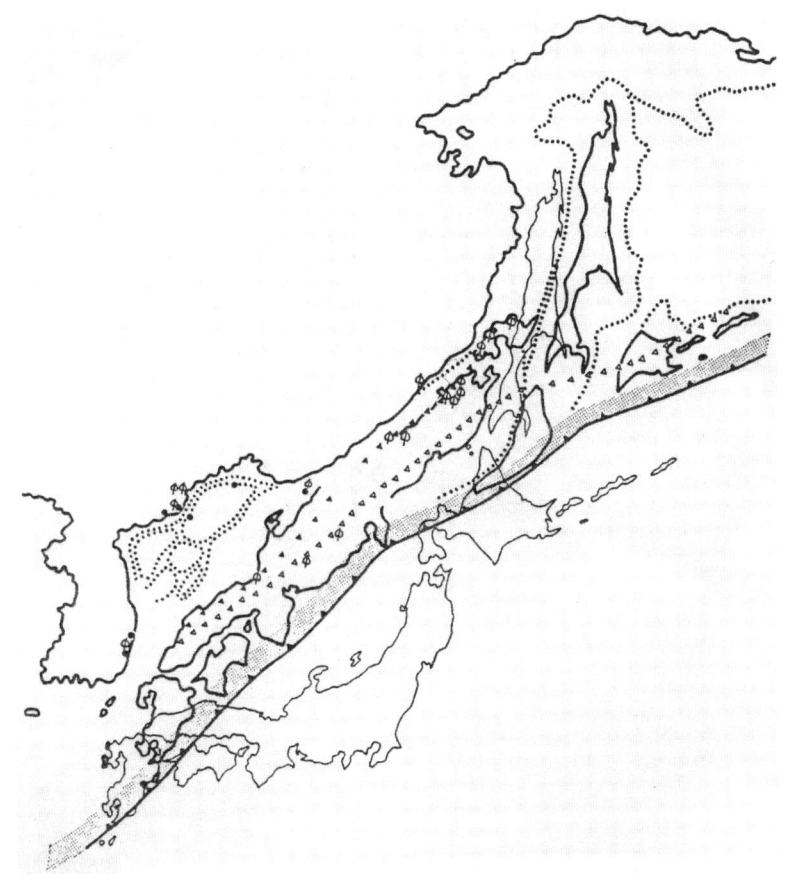

図 I -37　日本海拡大前の日本列島の復元（斎藤 1992）

ジオ：地震災害とそれによる津波災害を理解しておく必要があるんだ．こうした災害に対して，即断して行動ができるか，臨機応変に対応できるかが生死を分ける．
グラ：いかに自分を守るか，そして家族を守るかね．
ジオ：日本では，地震にあうことを前提として生きてゆくしかないんだ．
グラ：……．
ジオ：ところで，1973年に小松左京の推理小説『日本沈没』が出版され映画化されたんだ．そして，2006年に映画「日本沈没」がリメイクされたけど，グラフィーはみた？
グラ：ううん．
ジオ：……．
グラ：ジオ，なぜ日本が沈没するの？
ジオ：これはプレート・テクトニクスの理論を取り入れていて，日本列島ののるユーラシアプレートや北米プレートが，太平洋プレートの沈み込みとともに，日本海溝に引きずり込まれて列島が沈没するというストーリーなんだ（図 I -36）．
リメイクされた方は，メガリスの崩壊といって，プレートの沈降の際に上部マントルと下部マントルとの境界にたまった地殻エネルギーが一定量を超えるとマントル

38　第Ⅰ部　地　球

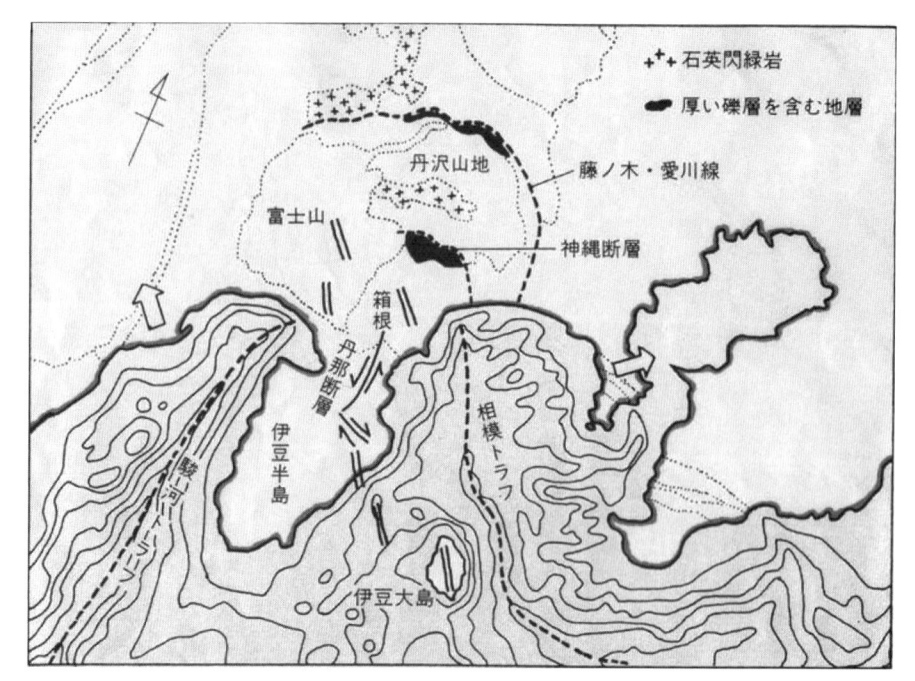

図Ⅰ-38　伊豆半島付近の構造図（斎藤1992に一部加筆）

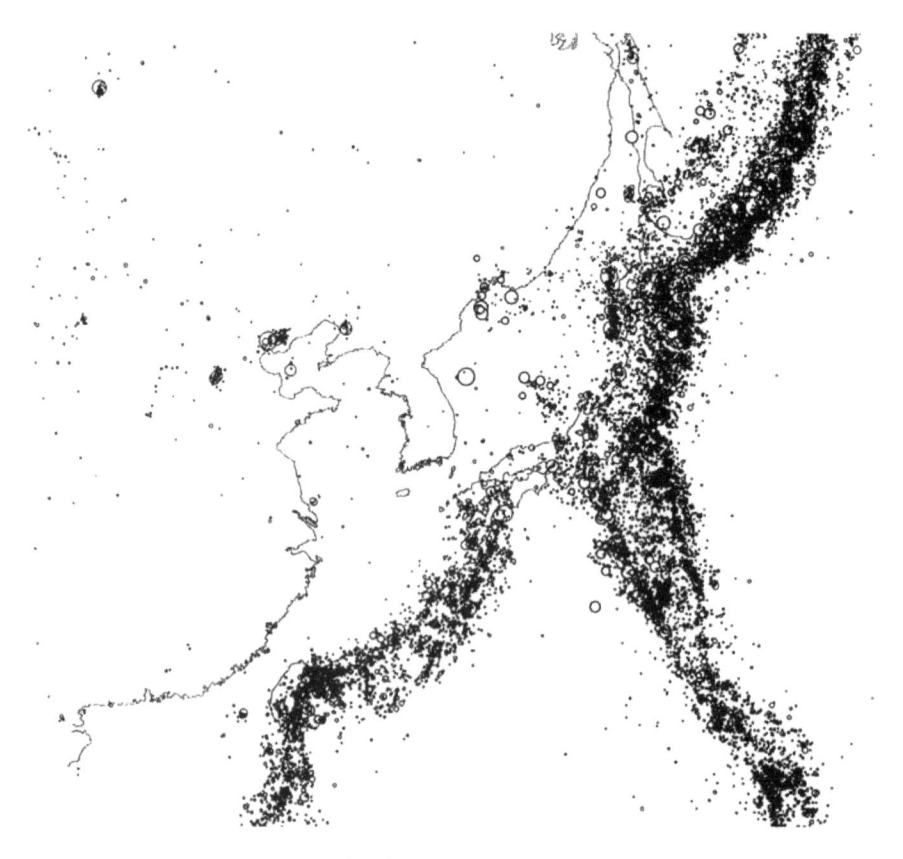

図Ⅰ-39　日本列島の地震発生地帯（宇津1999）

図Ⅰ-40 コンピュータで描いた駿河湾の海底地形（石井・奥田 1995）

深部へと沈む。また，デラミネーションといって，地殻の最深部がは剥がれ落ちて急激にマントルに落下する現象が，バクテリアの異常繁殖によるメタンガスの発生で促進される。これらによって，列島が沈没するという内容なんだ。

ジオ：次に日本列島の生い立ちをみてみよう。日本列島の歴史は約4億年といわれていて，長い地質時代の記録が地層や岩石に残されている（写真Ⅰ-12）。北陸の飛騨変成帯，これは能登半島から飛騨山地にかけての地域で，ここは日本でも最古の岩石の分布地域となっていて，かつてのアジア大陸の一部とされているんだ。

グラ：福井などで恐竜の化石が出土するのはそのためなのね。

ジオ：そう。また，東北の北上山地の南部や阿武隈山地は，古生代のシルル紀，デボン紀，石炭紀の古い地層からなっていて，この東北地方はオーストラリアあたりから北上してきた地層ではないかといわれているんだ。

その後，中生代になると，大陸の縁辺で日本列島の骨格が形成される（図Ⅰ-37）。中生代の北海道をみてみると，渡島半島と天塩から北見，日高にかけての道央，そして釧路や根室のように三分裂していたらしい。さらに，新生代第三紀の約1500

万年前になると，大陸から列島が分離して日本海が形成される。
グラ：つまり，プレートの運動によって列島は大陸から分離するのね。
ジオ：それにともなって，火山フロントも移動して，そこに太平洋の海水が入り込んで日本海が誕生したんだ。
グラ：なぜそんなことがわかるの？
ジオ：これは，マントル対流のところでもみたように，古地磁気の研究によって説明できるようになったんだ。この古地磁気というのは，マグマが冷えて固まる時に岩石に記録される磁気のことで，これを残留磁気というんだ。古い岩石が示す北の方向は日本列島各地で違っていて，これらを現在の方向に戻すと，東北日本は反時計回りに，西南日本は時計周りに回転移動して，日本列島が形成されたことがわかる（図Ⅰ-5）。

そして，約100万年前に伊豆半島と関東山地や赤石山地が形成されたんだ。フィリピン海プレートにのって北上してきた島が日本列島に衝突して半島を形成した。これが伊豆半島（図Ⅰ-38）。伊豆半島はフィリピン海プレートの北端部にあって，この衝突によって関東山地や赤石山地が隆起したんだ。
グラ：インドとヒマラヤ山脈との関係と同じね。
ジオ：そう。この地域は，プレートの多重衝突地帯にあたっていて，東海地震の危険性の高い理由の一つがこれなんだ。

しかも，ここはフィリピン海プレートと北米プレート，ユーラシアプレートの境界部にあたる。このプレート境界部に地震が集中して，地震の巣になっているんだ（図Ⅰ-39）。

コンピュータで描いた駿河湾の海底地形をみると（図Ⅰ-40），駿河トラフ，伊豆半島，ここがユーラシアプレートとフィリピン海プレートとの境界部で危険地帯なんだ。そして，グラフィー，この延長上には何がそびえてる？
グラ：富士山……。

第Ⅱ部 地　形

1. 地形の営力

ジオ：地球は，地殻から大気の上層まで生物のように息づいて動いていて，地球表面には地形が形成されている。ところが，その動きはわれわれの目ではとらえることはできないんだ。

グラ：地球は，非常に長い時間をかけて，ゆっくりと地形を形成してきたのね。

ジオ：グラフィー，ここでは地形がどういった要因でつくられるのか。そしてその結果，どのような地形ができあがるのかをみてゆくね。

a. 地形の形成要因

ジオ：まず地形の形成要因だけど，これには内的営力と外的営力があるんだ。内的営力には，造陸運動や造山運動といった地殻運動や火山の活動がある。

グラ：これらによって，地形が形成されるのね。

ジオ：造陸運動では，広い範囲の緩慢な隆起運動や沈降運動によって，安定陸塊などの大陸が形成される。これに対して，造山運動では狭い範囲の褶曲運動や断層運動によって，古期や新期の山地がつくられるんだ。

グラ：この造山運動によって，地表に大きな起伏と高度差ができるのね。

ジオ：そう。次に，地表上でみられる風化や侵食・堆積作用によって小地形が形成されるのは外的営力。なお，この風化には，機械的風化つまり崩壊と，化学的風化つまり分解とがあるんだ。

グラ：こうした外的営力によって，小さな起伏がつくられて，最終的には低くて平坦な地形となってゆくのね。

ジオ：この外的営力の要素には，気候を構成する三要素，つまり気温と降水と風がある。また，風によって生じる波浪や気温の変化によって日射の違いが生じて，凍結して氷河となったり，融解したりするんだ。
　　　グラフィー，ちょっと難しいかな？

グラ：うん。

◆ 地形の形成営力と人体

ジオ：こうした内的営力や外的営力の結果を，人の体にたとえてみると，内的営力の結果，骨や肉そして血液がつくられる。また，皮膚の弱いところでは，にきびや吹出物ができる。これが火山ね。

グラ：なるほど。
ジオ：そして，外的営力の結果，風化や侵食が進む。つまり，脂分がとれて肌のつやがなくなって，カサカサになる。また，抜け毛や白髪になる。その一方では，堆積が進んで，脂肪が蓄積される。中年になっておなかをさわってみると，いつのまにか脂肪のウエストバッグ（ポシェット）を永久につけることになる。取りはずしができない脂肪のウエストポーチ。
グラ：……。
ジオ：さらに，これらの結果，小地形が形成される。つまりしみやしわができる。こうした人間の老化現象の過程というのは，地形の形成過程でも同じことがいえるんだ。岩盤から親離れした時の岩は，ゴツゴツとして個性の塊のようだけど，それが太陽に砕かれ，雨に打たれ，川に流されてゆくうちに，角がとれ次第に丸みを帯びて，河原の石となる。そして，川の下流になるに従い，礫から砂・シルトそしてやがては粘土となって海底に堆積してゆくんだ。
グラ：この過程は，まさに人の一生と同じなのね。

b．地形の輪廻

ジオ：仏教の世界では，「三界六道に輪廻する」とか「輪廻転生」といったいい方をするけど，地形にも輪廻があって，地形の形成は繰り返されている。たとえば，隆起した土地が風化や侵食を受けて低平な平野となってゆく。
グラ：それはなぜ？
ジオ：陸地は重力の影響で，侵食基準面といって海面の高さ，つまり０ｍに近づこうとする働きがあるんだ。
　　　川の侵食による地形の変化をみると（図Ⅱ-1），幼年期から壮年期，老年期，そして準平原，その後隆起して原地形となって，これらが繰り返される。
グラ：これは地球の全陸地で起こるの？
ジオ：あくまでも局地的なものなんだ。こうした地形の輪廻を，人生と人の性格にたとえてみると，幼年期は個性のめばえの時期だよね。子供は１歳〜２歳で性格がはっきりしてくる。そして，３歳〜４歳までの環境で，子供の性格はおおよそ決定づけられるといわれている。感性や感受性の豊かさの多くは，この３歳〜４歳までの

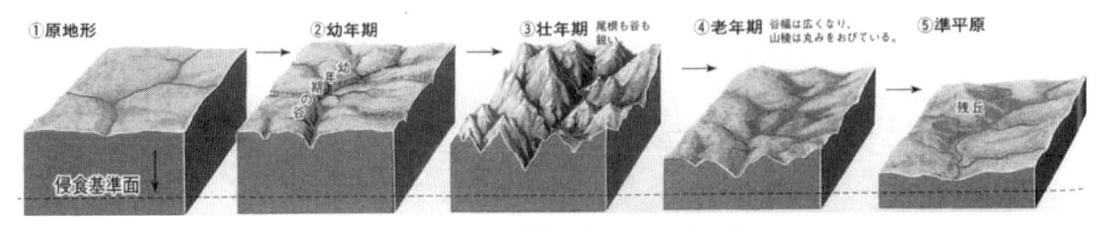

図Ⅱ-1　地形の侵食輪廻（帝国書院編集部 2005）

生活環境で育まれるらしい。3歳〜4歳までに子供をいかに遊ばせるか，子供がいかに遊ぶかで，豊かな感性が育まれるんだ。
グラ：大人になって，性格を変えろといわれても無理だものね。
ジオ：そして壮年期の前半になると，思春期をむかえて反抗期の時期。この頃は個性が強調されて，性格も激しくなる。壮年期でも後半になると，徐々に角がとれて落ち着きがでてくる。そして，老年期や準平原では，身も心もほとんどフラットになる。
グラ：……。

2. 世界の大地形

a．安定陸塊

ジオ：次に世界の地形をみてみると（図Ⅱ-2），世界の地形は大きく三つに分けられるんだ。安定陸塊と古期造山帯，そして新期造山帯。
　　　まず安定陸塊だけど，これは地球で最も古く形成された大陸で，楯状地と卓状地，構造平野からなっている。

グラ：楯状地って？

ジオ：インディアンやバイキングの楯を想像してみて。この楯を伏せたような形からこういわれている。侵食された基盤岩が広く露出して，準平原化したものなんだ。バルト楯状地やローレンシア（カナダ）楯状地などに代表される。楯状地の小規模なものは地塊とよばれていて，インド地塊やブラジル地塊などがそう。
　　　次に卓状地。これは，周辺に急な崖をもったテーブル状の台地の地形をいって，アフリカ卓状地やアラビア卓状地，シベリア卓状地，オーストラリア卓状地，ギアナ高地などがある（図Ⅱ-2）。アフリカ大陸は，暗黒大陸とよばれていた時代があっ

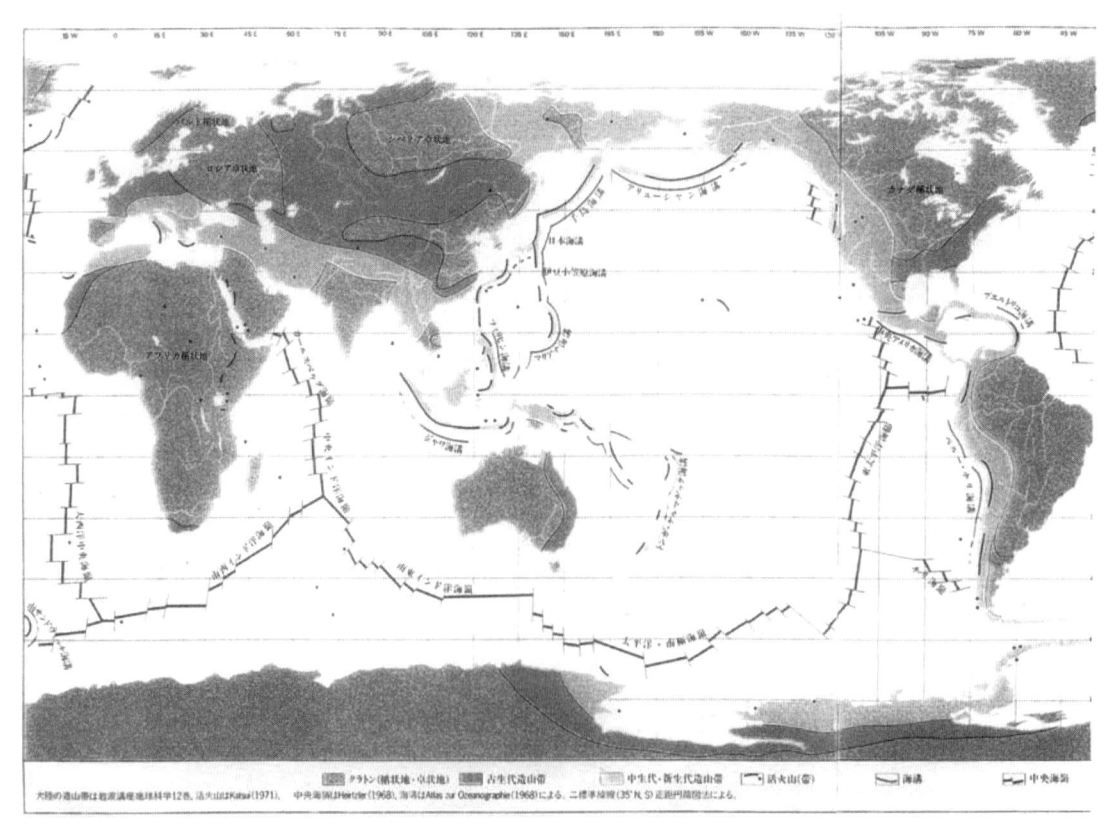

図Ⅱ-2　世界の構造図（米倉 1983）

写真Ⅱ-1　アフリカ大陸（マイクロソフト 2001）

　　　たんだ。
グラ：なぜなの？
ジオ：このアフリカは台地地形が大半を占めていて，平野が少ないんだ（写真Ⅱ-1）。河川には滝があって船で上流部に行けないために，内陸の状況がよくわからなかった。しかも，気候は熱帯や亜熱帯，乾燥帯で，温帯は地中海沿岸地域と南ア共和国に限られていて，人間が永住するには厳しい環境のところが多かったんだね。
グラ：そうしたことから，長い間暗黒大陸といわれていたのね。

◆「ロストワールド」の舞台

ジオ：また，南米のギアナ高地（図Ⅱ-3）は，約20億年前から2000万年前に形成された地形で，ここにはテーブルマウンテンとよばれる卓状地がある。約20億年の歴史や人間の生活空間から隔絶された世界が，このテーブルマウンテンの上に残っているんだ。その最高点がロライマ山（2810m）で，ベネズエラ・ガイアナ・ブラジルの国境になっていて，アーサー・コナン・ドイルの小説『ロストワールド（失われた世界）』のモデルになった山なんだ。
グラ：「シャーロック・ホームズ」のコナン・ドイルね。
ジオ：……。

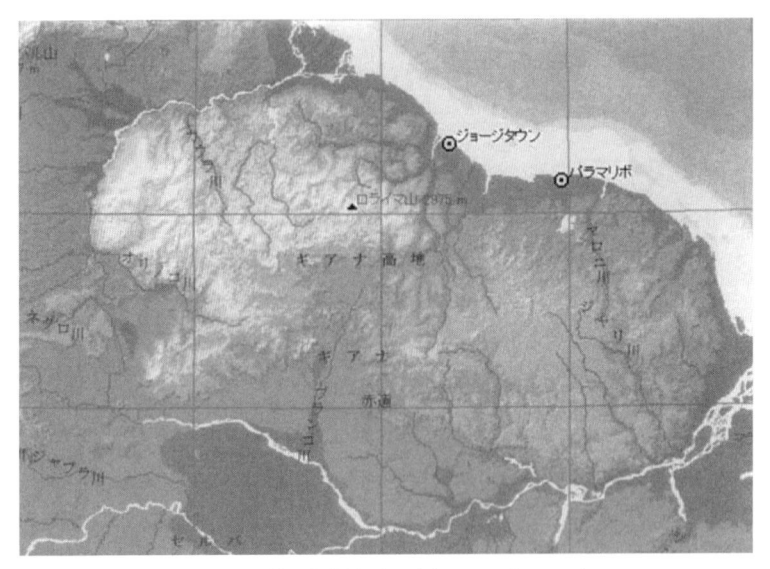

図Ⅱ-3 ギアナ高地（マイクロソフト 2001）

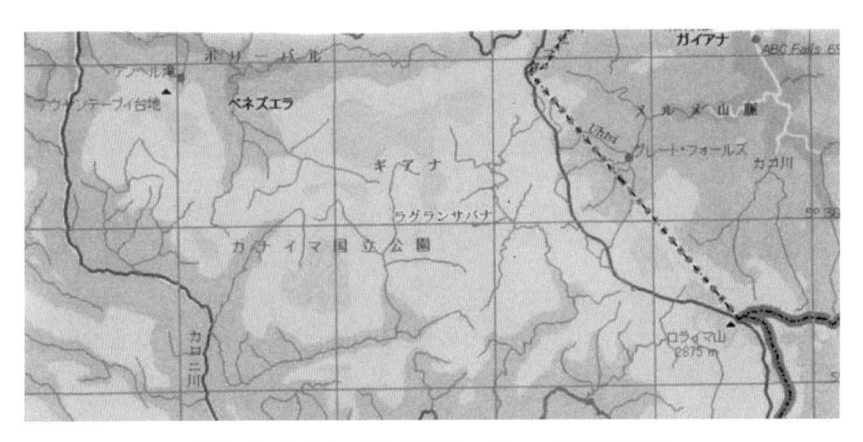

図Ⅱ-4 カナイマ国立公園（マイクロソフト 2001）

　　　ここに，標高 2560 mのアウヤンテプイというテーブルマウンテンがあって（図Ⅱ-4），そこから流れ落ちるエンジェルフォールという滝がある。これが落差 979 m，約 1kmもあるんだ。エンジェルフォールという名前は，この滝の発見者のアメリカ人のパイロット，ジミー・エンジェルにちなんでいて，落差が大きいため，水は滝壺に落ちる時には霧になってしまう。

グラ：……。

ジオ：次に，構造平野についてみてみよう。
グラ：構造平野というのは？
ジオ：水平な地層からなる侵食平野のことで，ヨーロッパ大平原，北米とオーストラリアの中央平原などに代表されるんだ。この構造平野のなかでも，硬軟の地層つまり硬

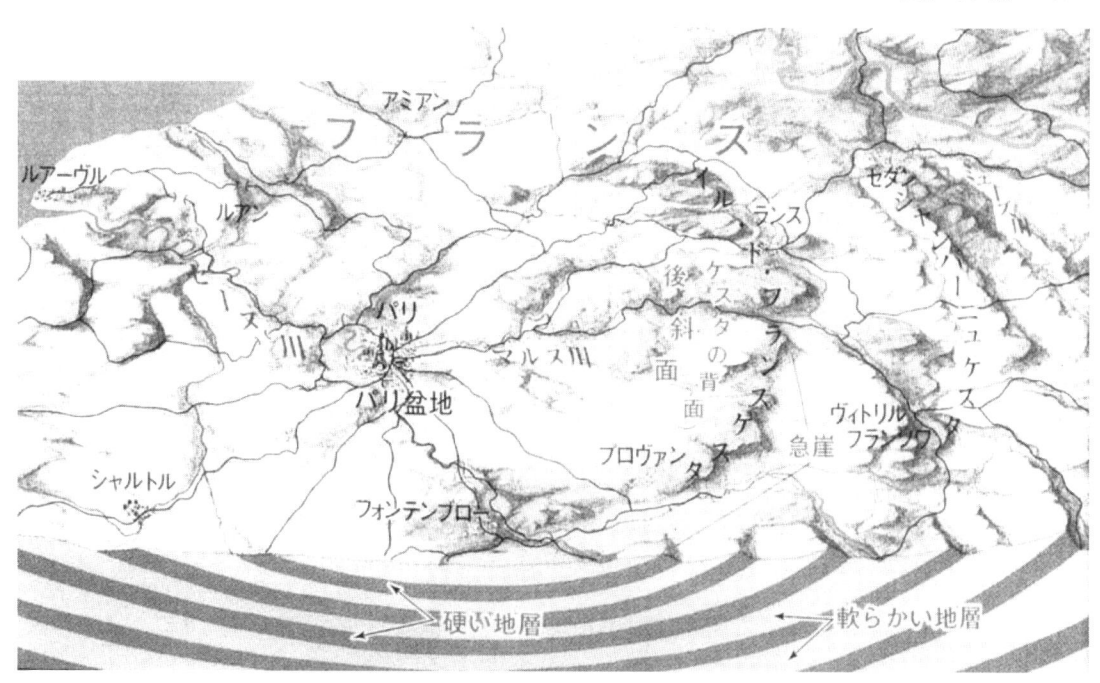

図Ⅱ-5　ケスタ地形（パリ盆地）（帝国書院編集部 2005）

い地層と軟らかい地層が互層をなして，緩く傾斜した地形がある。これをケスタというんだ（図Ⅱ-5）。ケスタはスペイン語で「坂」とか「傾斜地」という意味だよ。パリ盆地では，パリを囲むように，イル・ド・フランスケスタ，シャンパーニュケスタ，バールケスタ，ムーズケスタなどの地形が形成されている。このケスタの地形を利用した戦いが第一次世界大戦にあって，それが「ベルダンの戦い」という要塞攻防戦なんだ。

グラ：ベルダンというのは？

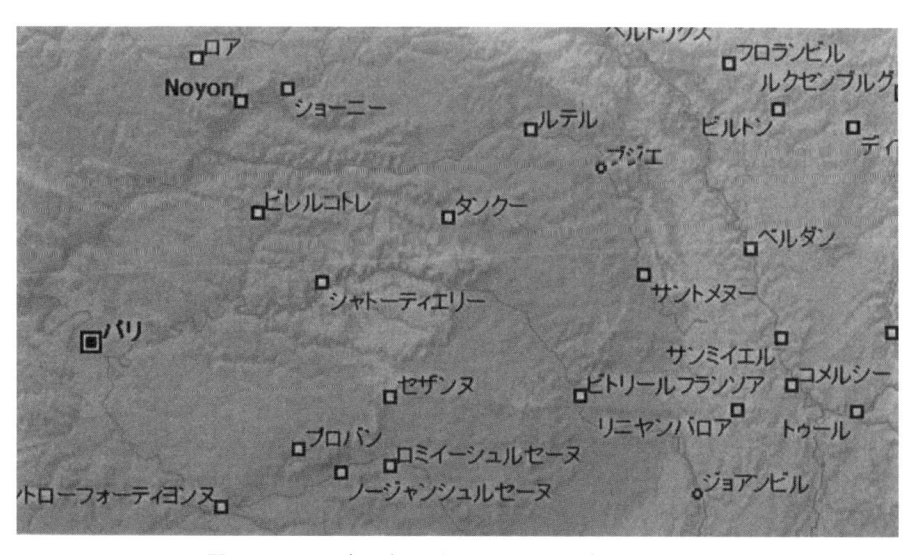

図Ⅱ-6　ベルダン（マイクロソフト 2001）

ジオ：パリ盆地東部のムーズ川沿いにある（図Ⅱ-6）。ドイツ軍はこのベルダンを越えて，パリに侵攻しようとしたんだ。第一次世界大戦中の1916年の2月～6月に，ペタン将軍率いる32万のフランス軍が，このケスタの背の部分，これをホッグバック（豚の背）というけど，ここに要塞を築いて50万のドイツ軍を迎え撃ったんだ。

グラ：どうしてなの？

ジオ：ホッグバックは遠望しやすくて，大砲の砲弾距離がでやすい。この戦いでは，迎え撃ったフランス軍がこのケスタの地形を利用して勝利したんだ。

b．造山帯

ジオ：次に造山帯についてみてみると，これには古期と新期とがあって，古期造山帯は古生代～中生代の今から5億7000万年前～6500万年前の造山運動でできた老年期の山地なんだ。この古期の造山帯では，鉄鉱石や石炭が生産されて，世界の炭田の70％がここに集中している。

ヨーロッパには二つの古期造山帯がある（図Ⅱ-7）。アルモリカン山系とバリスカン山系。アルモリカン山系はフランスのブリュターニュ半島からサントラル高地にかけて分布し，バリスカン山系はフランス東部のボージュ山脈からライン川を挟んでシュバルツバルト，北部のチューリンゲンバルト，チェコを囲むエルツ山脈，ズデート山脈，ボヘミアバルトからなっている。

グラ：ジオ，バルトって何？

ジオ：ドイツ語で「森」を意味するんだ。ちなみに，シュバルツバルトは「黒い森」。その他の古期造山帯として，ウラル山脈，バイカル湖西のサヤン，アルタイ，バイカル湖東のヤブノロイ，スタノボイ山脈などがある。

また，アメリカ合衆国のアパラチア山脈も古い時期に形成された山地で，ほとんど起伏をもたない低い山地になっている。

さらに，オーストラリアのグレートディバイディング（大分水嶺）山脈も古期の造山帯の一つなんだ（図Ⅱ-8）。これは，南北に走る山脈が東西に水を分かつことからきている。

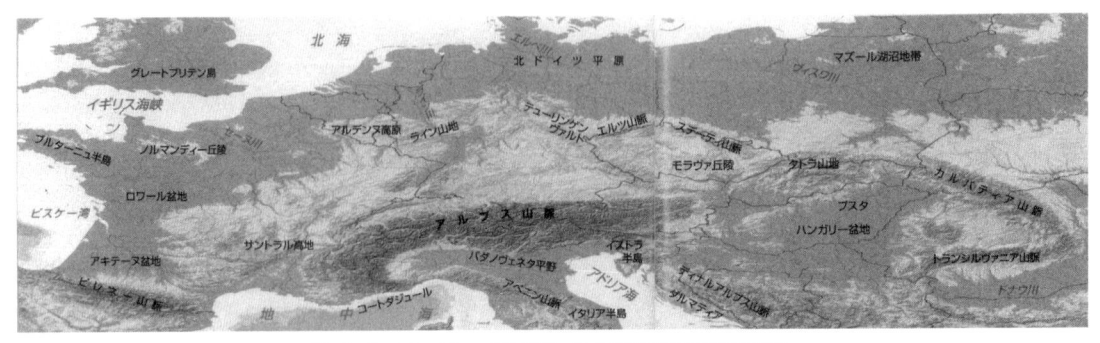

図Ⅱ-7 ヨーロッパの地勢（二宮書店編集部 2007）

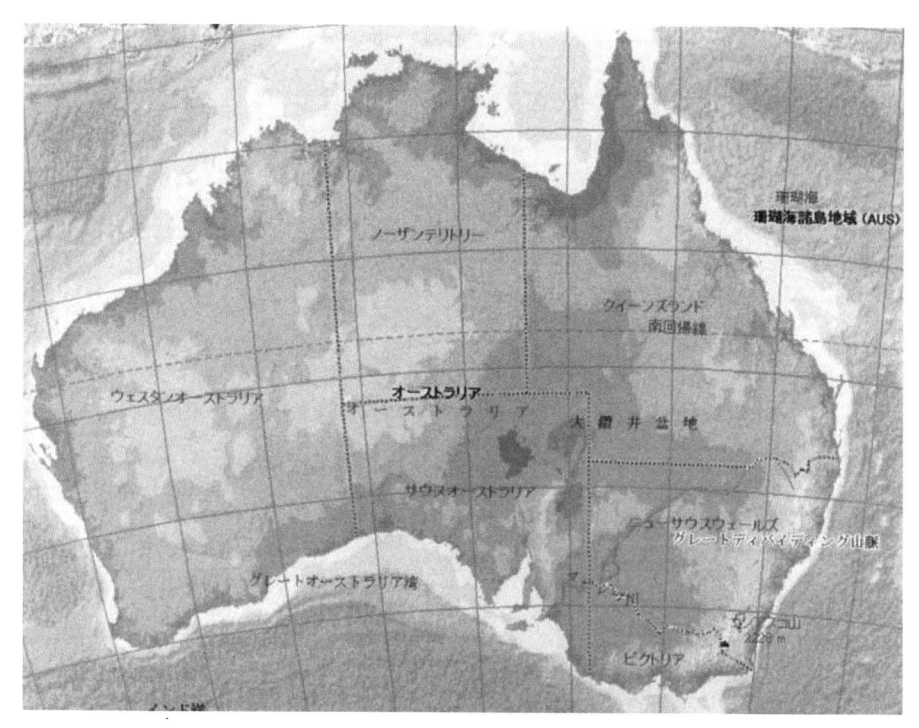

図Ⅱ-8 オーストラリア（マイクロソフト 2001）

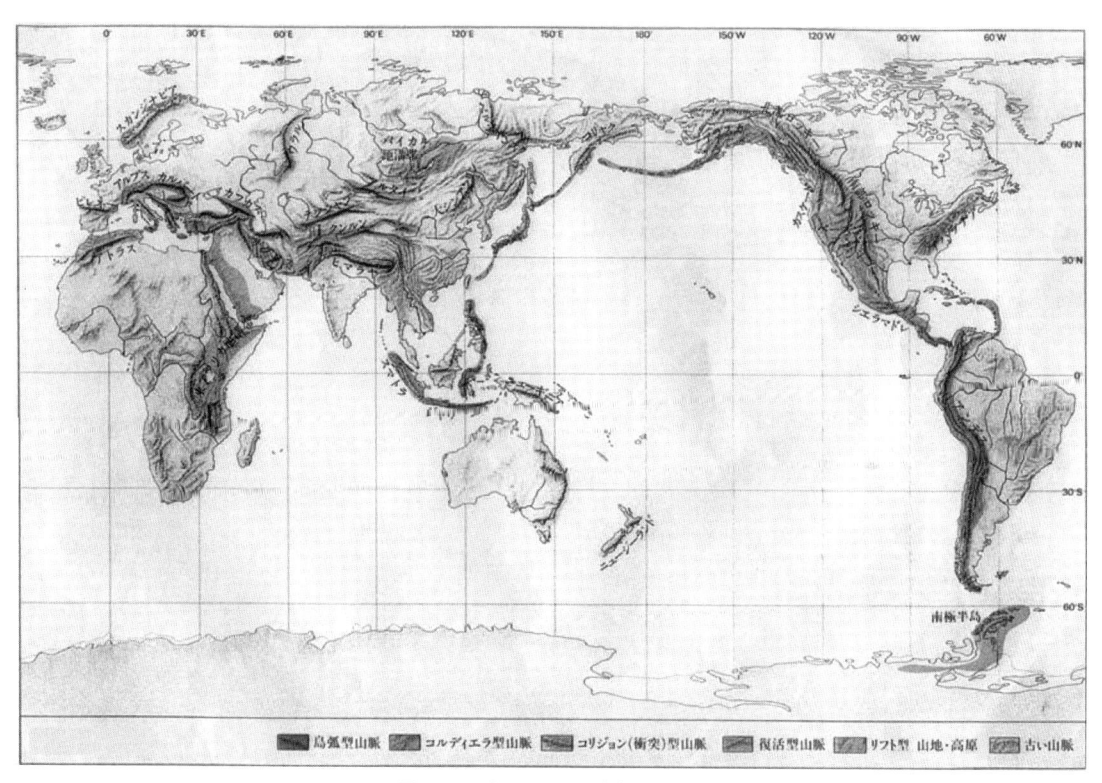

図Ⅱ-9 世界の山脈（池田 1983）

50　第Ⅱ部　地　形

写真Ⅱ-2　モンブラン（高橋編 1984）

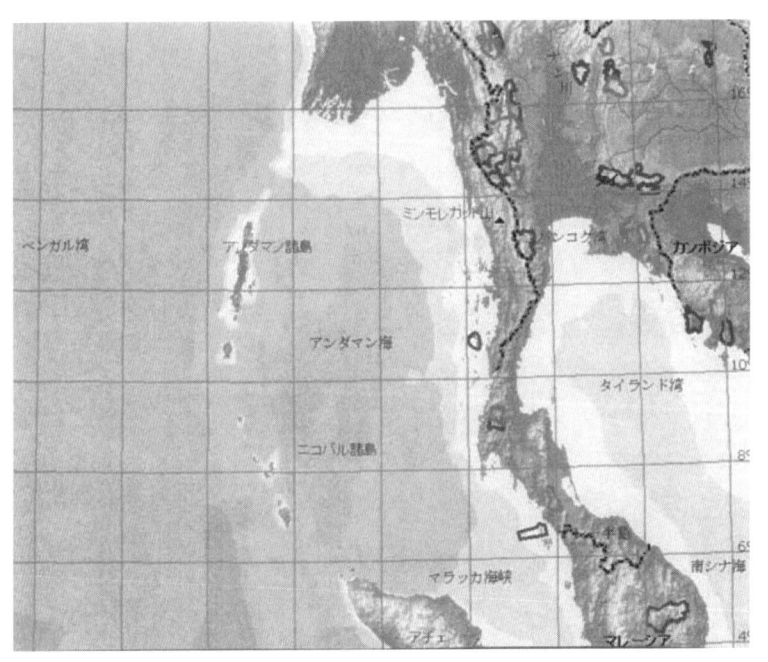

図Ⅱ-10　アンダマン・ニコバル諸島（マイクロソフト 2001）

写真Ⅱ-3　カナディアンロッキー（中日新聞社 2004）

グラ：ディバイドするのね。

ジオ：こうした古期の造山帯に対して，新期造山帯は，中生代〜新生代第三紀後半の約1000万年前までの造山運動で形成された壮年期の大山脈で，現在も隆起しつつある「生きている山脈」だね。隆起速度は年にわずか1mm〜10mm。

グラ：わずかに年1cm？

ジオ：でも，これが1万年後には10m〜100mも隆起することになるんだ。世界の屋根といわれるヒマラヤ山脈は，1000万年前までに形成された若い山脈だね。

グラ：46億年の地球の歴史からすると，あっという間の出来事なのね。

ジオ：この新期造山帯の分布だけど，大きくはアルプス・ヒマラヤ造山帯と環太平洋造山帯に分かれるんだ（図Ⅱ-9）。前者は，スペインのシェラネバダ，モロッコからアルジェリアのアトラス，そしてアルプス。アルプスから，さらにアペニン，ジナルアルプス，ギリシアのピンドス，トルコ南のトールス，カスピ海西のカフカス，南のエルブールズ，イランのザグロス，アフガニスタンのヒンズークシ，パキスタンのスライマン，そしてヒマラヤから東南アジアのスンダ列島にかけて分布しているんだ。これは，アルプス山脈のイタリアとフランスの国境にそびえるモンブランだけど（写真Ⅱ-2），険しい山稜線を呈している。

グラ：生きているという感じね。

ジオ：なお，ベンガル湾とアンダマン海の間のアンダマン諸島とニコバル諸島（図Ⅱ-10）は，海底火山の山頂が海から出ている状態だね。

グラ：ジオ，環太平洋造山帯というのは？

ジオ：字の通り太平洋をとりまくように分布しているんだ（図Ⅱ-9），ニュージーランドのサザンアルプス，マレー諸島，フィリピン諸島，台湾，日本列島，アリューシャ

ン列島，カナダのカスケード，ロッキー。また，アメリカの海岸山脈，シェラネバダ，メキシコのシェラマドレ，そして南米のアンデス。さらには，南極半島のグレアムランドとパーマーランドも新期造山帯で，南緯 69 度を境に北がグレアム，南がパーマーに分かれるんだ。

これはカナディアンロッキーだけど（写真Ⅱ-3），グラフィー，雪の状況で地層が水平に堆積しているのがわかるよね。海底の地層がその後隆起して険しい山脈を形成しているんだ。

3．山地地形

a．山脈の成因

グラ：ジオ，こうした山はどうしてできるの？

ジオ：山脈の成因は，前にふれたプレート・テクトニクスという理論で説明できるんだ（図Ⅱ-11）。

　山のでき方には次の六つのタイプがある。まず，(1) リフト型といって，アセノスフェアの上昇でマントル最上部と大陸地殻のリソスフェアが隆起するけど，この張力によって大陸地殻が分離して弱い部分にマグマが上昇して火山が形成されるんだ。東アフリカ大地溝帯がその例だね。

　次に，(2) 中央海嶺型といって，海嶺つまり海底の山のでき方だけど，リフト型が海底で長期間継続して，アセノスフェアが直接海底に湧き出す。そして，その後冷やされて海洋地殻や海嶺が形成されて海洋底が拡大してゆくんだ。

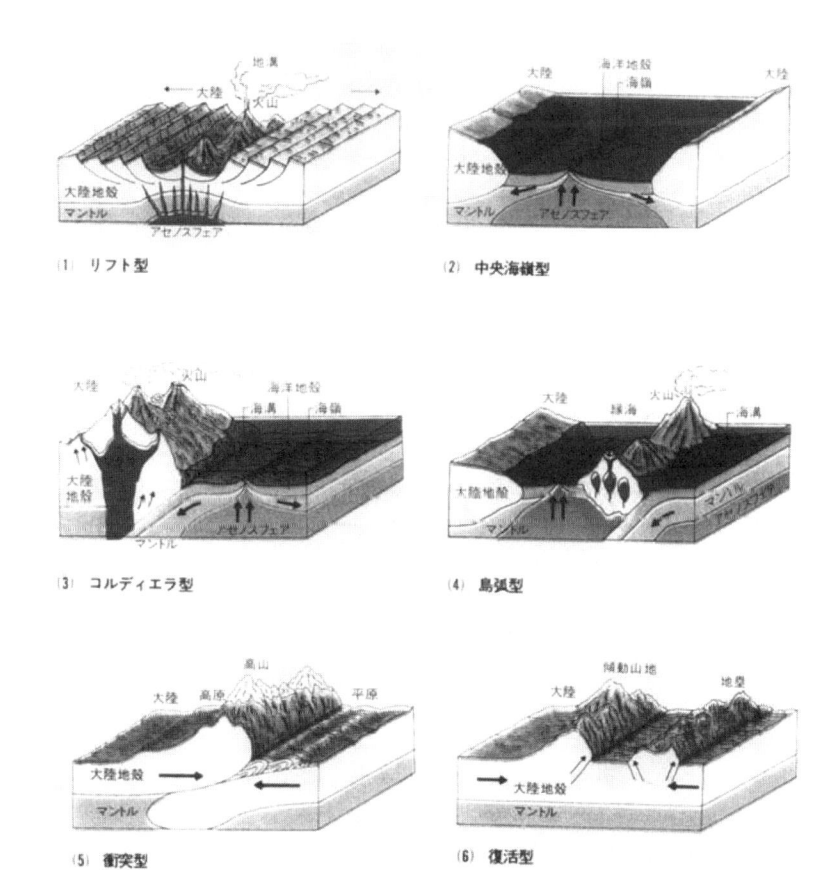

図Ⅱ-11　プレート・テクトニクスによる山脈の成因（池田 1983）

(3) コルディエラ型は，海洋プレートが大陸の下に沈み込むと，その摩擦でマグマが発生して上昇する。そして，火山が形成されて，大陸地殻が隆起し，大規模な山脈が形成されるタイプ。

グラ：コルディエラって？

ジオ：スペイン語で「大山系」を意味して，南北アメリカ大陸の西部の太平洋沿岸に平行して走る新期造山帯をコルディレラ山系とよんでいるんだ。

(4) 島弧型は二つの説があって，海洋プレートが海溝の下に沈み込むと，マグマが発生し上昇して，海洋中に山脈が形成される。また，コルディエラ型の山脈の背後でアセノスフェアが上昇し縁海が成長して，大陸から山脈が分離したとする考えなんだ。

(5) 衝突型も二つあって，まずプレートの境界部の横からの圧縮力によって，大規模な山脈が成長するもので，ヒマラヤ山脈などがその例。次に，大陸地殻どうしの滑り込みによって，一方がもう一方の大陸地殻の上にのっていって大規模な山脈や高原が形成される。

(6) 復活型は，以前造山作用が生じた場所に，その後圧縮力が働くと，断層や褶曲が発生して，山脈が再び成長して，傾動山地や地塁山地が形成される。

グラ：こうしていろいろなタイプの山が形成されるのね。

b．褶曲山脈と断層山地

ジオ：次に，褶曲によってできる山脈と断層によってできる山地をみると，褶曲山脈は，地層が横圧力を受けて屈曲してできた山脈で，岩石の柔らかいところで生じるんだ（図Ⅱ-12）。これに対して，断層山地は垂直方向や水平方向の地層のずれが生じてできた山地で，岩石がもろいところで生じる地形なんだ。

断層にもいろいろあるけど，地層がブロック状に動いて断層地形をつくるんだ。上下方向の変位による断層では，地溝（図Ⅱ-13-9 A）と地塁（同 9 B）つまりベース状の土地の高まりができ，その他にはさまざまな方向に圧力がかかってずれる断層（同 10 A～E）が，そして右横ズレ（同 11 A）と左横ズレ（同 11 B）の断層が形成されるんだ。

グラ：横ズレって？

ジオ：向かい側の地層が相対的にどちらに動いたかで決まるんだ。

図Ⅱ-12　褶曲の構造（大百科編集委員会編 1995）

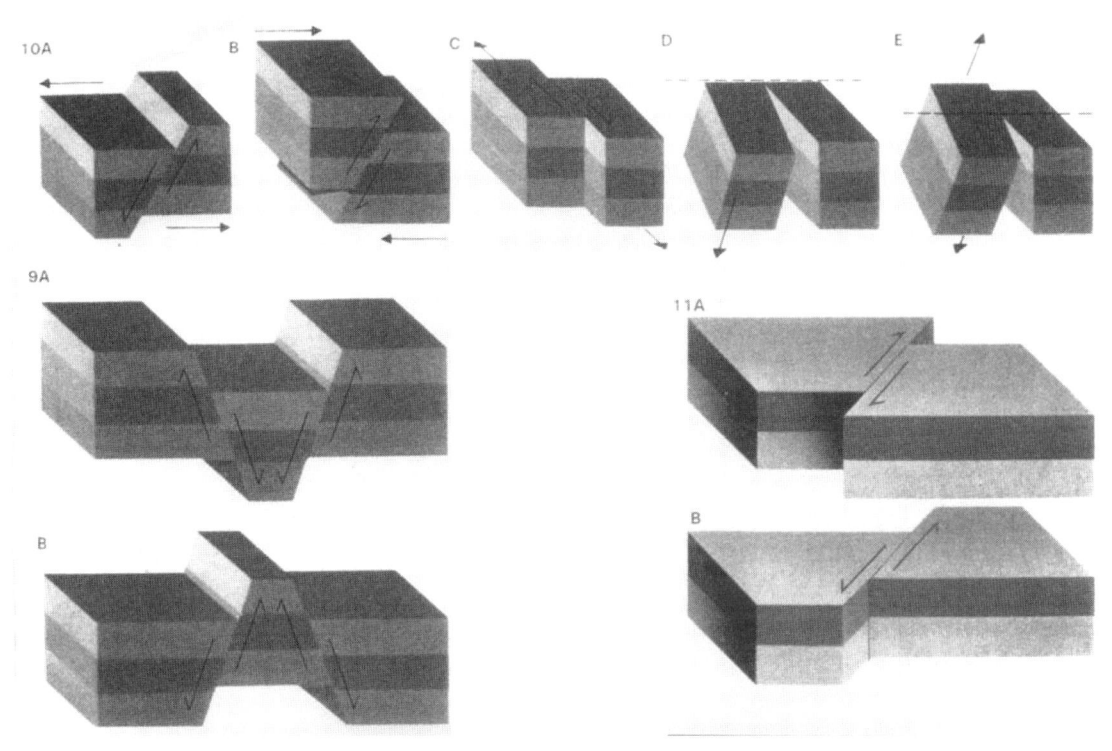

図Ⅱ-13 断層の構造（大百科編集委員会編 1995）

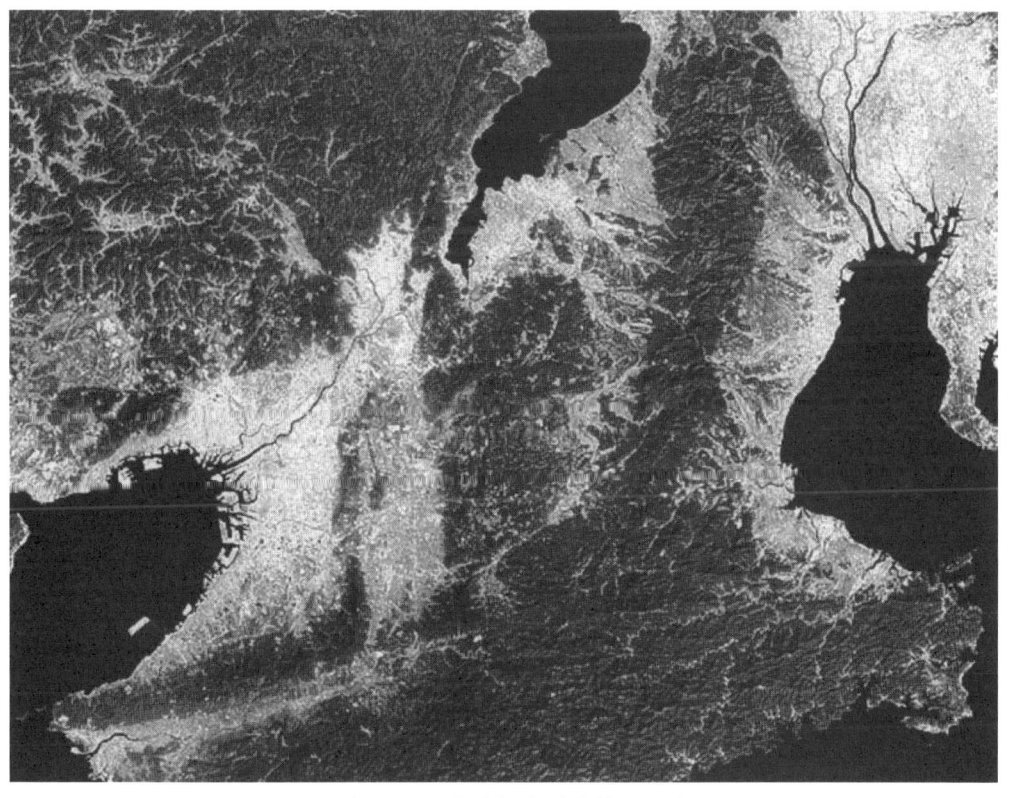

写真Ⅱ-4 近畿地方（写真化学 1997b）

3. 山地地形 55

56　第Ⅱ部　地　形

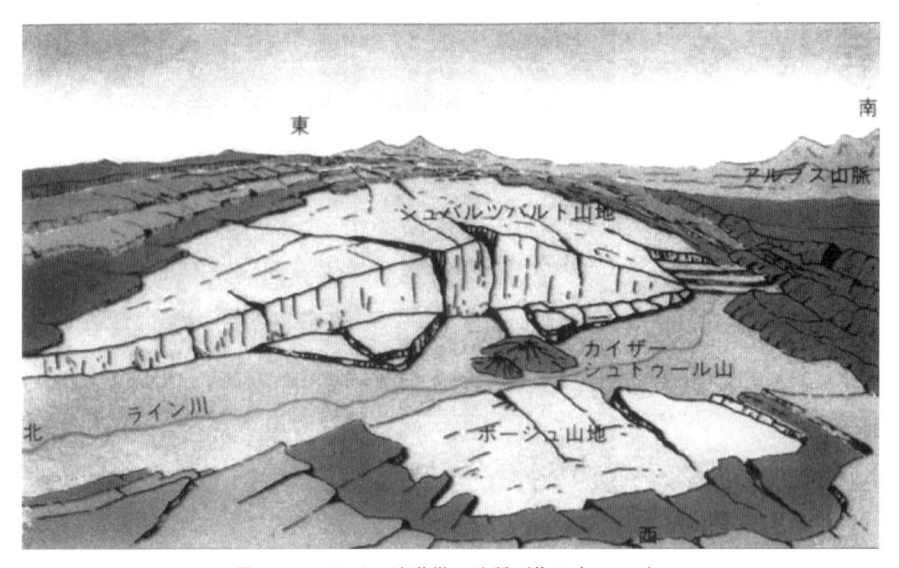

図Ⅱ-14　ライン地溝帯の地質（佐々木 1984）

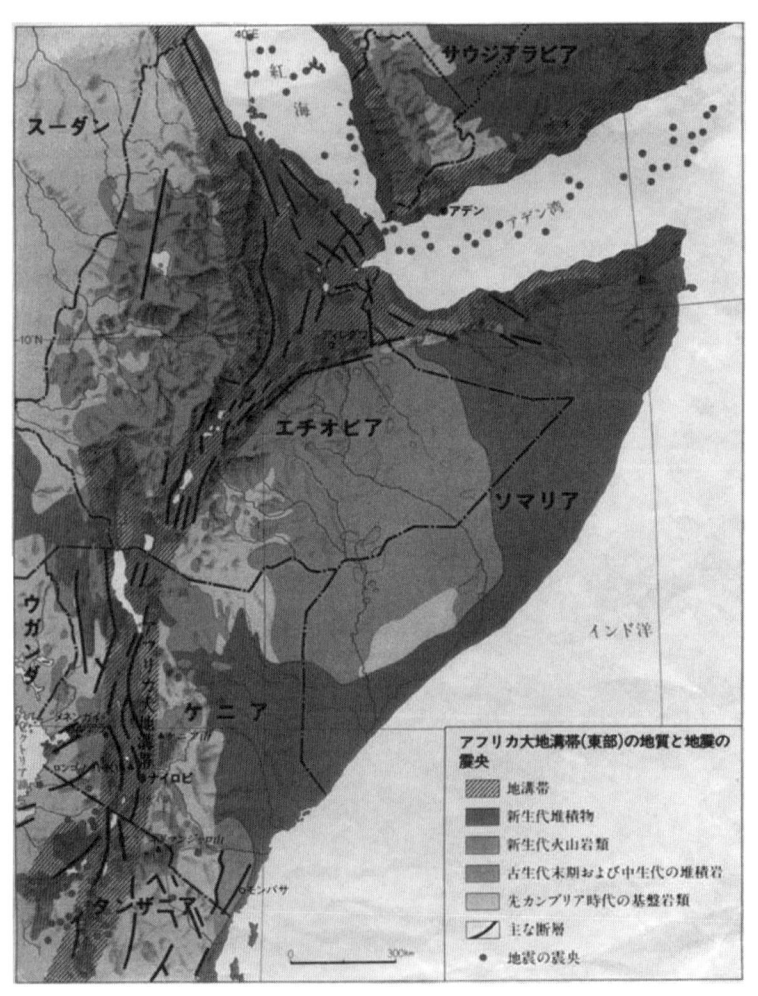

図Ⅱ-15　東アフリカ大地溝帯の地質と地震の震央（諏訪 1985）

図Ⅱ-16 東アフリカ大地溝帯のでき方（諏訪 1985）

写真Ⅱ-5 デスヴァレー（矢ケ崎 1983）

ジオ：次に，各断層地形をみてゆくけど，地塁は断層崖によって限られた山地で，近畿地方にはほぼ南北方向の断層が走っていて，多くは地塁山地を形成している（写真Ⅱ-4）。淡路島，比良・六甲山地，生駒・金剛山地，笠置山地，鈴鹿・布引山地，養老山地などがそう。

グラ：地溝は，土地の溝って書くけど。

ジオ：そう。地溝というのは両側を断層崖によって境されて，相対的に沈降した低地のことをいうんだ。
　　　世界の代表的な地溝をみてみると，まずライン川の流域に南北に形成された地溝帯がある（図Ⅱ-14）。西にフランスのボージュ山地，東にドイツのシュバルツバルトが分布して，1年に約5mmほど両者が引き裂かれるから，1000年間では約5mの割合で地溝が拡大していることになるんだ。
　　　次に，東アフリカ大地溝帯をみてみると（図Ⅱ-15），帯の部分が地溝帯。実線の主な断層と●の地震の震央，つまり断層と震源地が地溝帯に集中している。

グラ：ここが東西に引き裂かれてるのね。

ジオ：アデン湾や紅海の●はプレートの境界部にあたるんだ。この東アフリカ大地溝帯のでき方だけど（図Ⅱ-16），約2000万年前にアセノスフェアが上昇して，張力によって分離し始める。約500万年前に火山が形成されて，その後海水が入り紅海となる。

そして1億年後には東アフリカは島になると推定されているんだ。

グラ：……。

ジオ：さらに、デスヴァレーはアメリカ西部のラスベガスの西にある乾燥地帯で、海面下86 mのところにあるんだ。ここは一面岩塩地帯で、白い塩が風化して茶色になっている（写真Ⅱ-5）。

グラ：どうして「死の谷」という地名なの？

ジオ：1849年、ゴールドラッシュの時代に、カリフォルニア州の金鉱地へ向かっていたグループが横断しようとしてこの谷に入ってさまよい、メンバーの数人が酷暑と水不足で命を落としたことに由来しているんだ。

ジオ：次に、フォッサマグナとよばれる日本の大陥没帯をみてみると、糸魚川－静岡構造

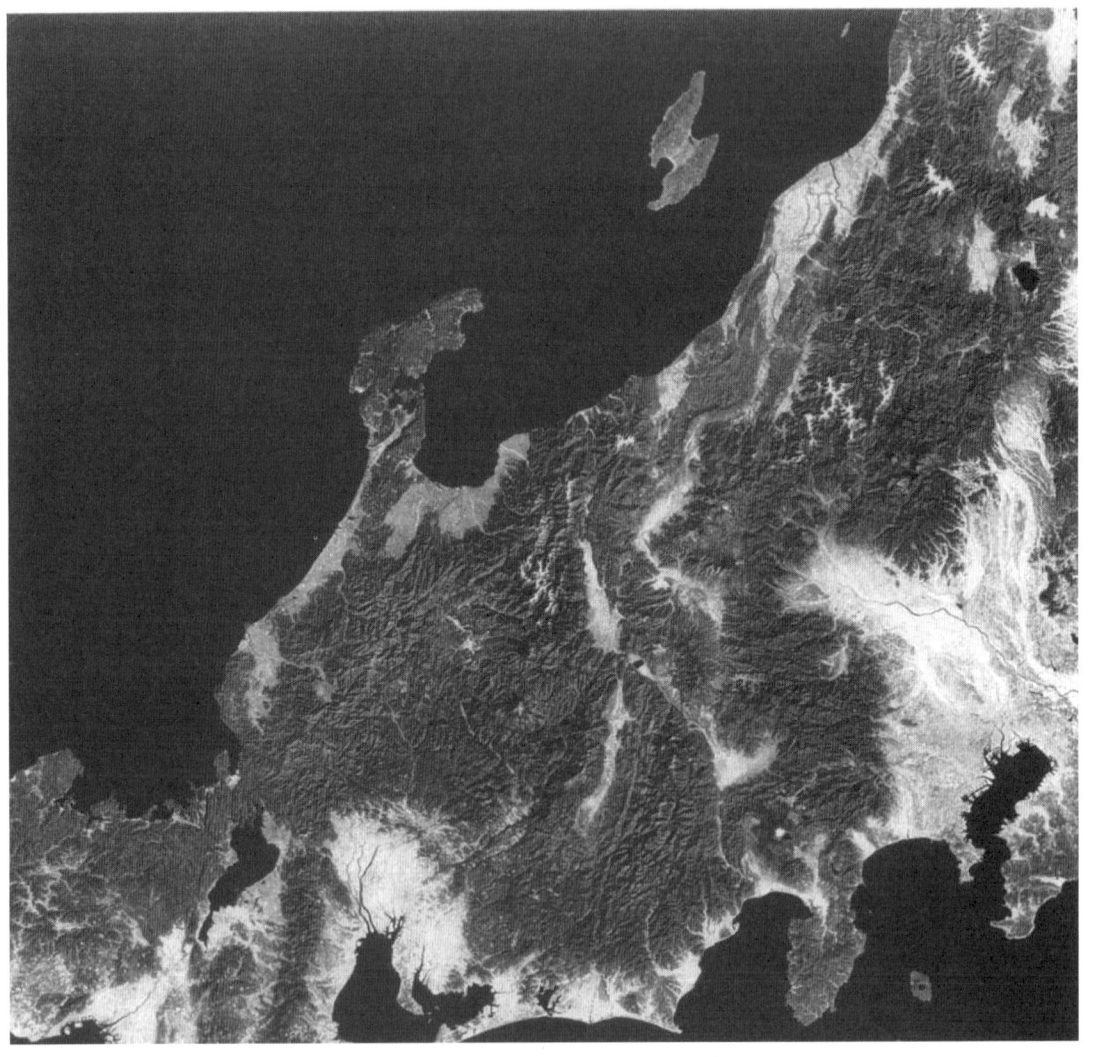

写真Ⅱ-6　中部地方（写真化学 1997b）

```
糸魚川      直江津（上越市）      柏崎
│   妙高    駿
│   八ヶ岳  東
│   富士    線
│                              │
静岡  箱根  国府津（小田原市）    銚子
└──────────┬──────────┘
         信越房豆帯
      信州 越後 房総 伊豆
```

図Ⅱ-17　フォッサマグナ

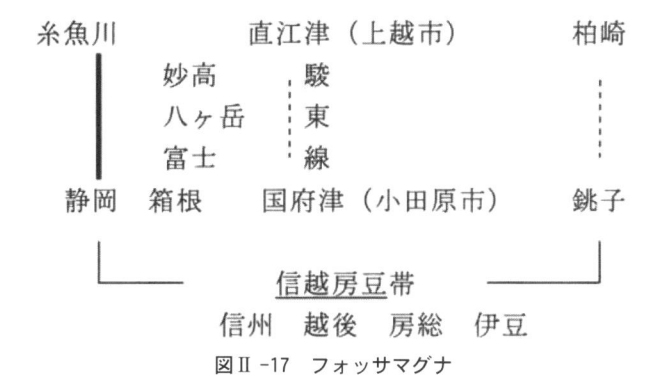

　　　線というのはフォッサマグナの西側のラインとして知られているよね。
グラ：フォッサマグナは断層線じゃないの？
ジオ：東アフリカと同じように，地溝帯になっているんだ（写真Ⅱ-6）。でも，東側の構造線は，陥没後の火山活動などによって埋積され，はっきりしていない。一つは駿東線とよばれ，上越市の直江津と小田原市の国府津を結ぶ線。もう一つは柏崎と銚子を結ぶ線で，この地溝帯を信越房豆帯とよんでいるんだ（図Ⅱ-17）。
グラ：信州と越後，房総，伊豆で信越房豆帯。
ジオ：そう。糸魚川－静岡構造線の北端は新潟の姫川流域や長野の小谷村にあたり，この地域は1995年と96年に土石流の被害にあって，JR大糸線が不通となった。その土石流被害の訴訟の判決が2006年の5月10日にあったんだ。姫川の左岸地域は白馬岳を中心とする3000m級の飛騨山地で，ここは断層地形で地盤が弱い地域。しかも急傾斜だから，大雨の時は土砂が一気に谷に流れ落ちて水害となるんだ。

◆ フォッサマグナとナウマン

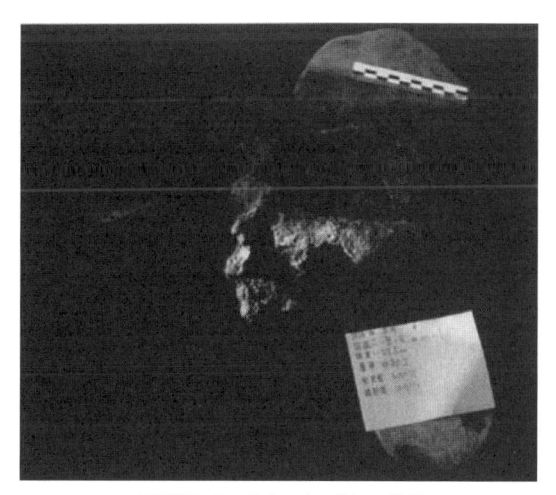

写真Ⅱ-7　ナウマンゾウの椎骨

写真Ⅱ-8 野尻湖と妙高山（アーバンクボタ編集室 1996）

ジオ：このフォッサマグナという名をつけたのが，ドイツの地質学者で東大初の地質学の教授となったナウマンという人なんだ。彼の功績をたたえてつけられたナウマンゾウの骨が，長野の野尻湖の発掘調査で出土している（写真Ⅱ-7）。
　　　背後はスキーで有名な妙高山だね（写真Ⅱ-8）。

グラ：野尻湖と妙高山には行ったことがある。ジオは？

ジオ：僕も。野尻湖の発掘調査に参加したことがあるよ。この野尻湖周辺は冬だけでなく，夏の避暑地としても人気が高まって，湖岸にはペンションが増えてきているんだ。

ジオ：次に，断層湖をみてみると，長野の諏訪湖はフォッサマグナによって形成された湖（写真Ⅱ-9）。また，琵琶湖の西には花折断層が南北に走っている。さらに，イスラエルとヨルダンの国境の湖になっている死海も断層湖なんだ。
　　　断層地形としての紅海，アカバ湾があり，その延長上に死海がある。ここは死海地溝帯とよばれていて，ジャイブ・ワジという涸れ川が雨の降った時にアカバ湾に注ぎ，死海にはヨルダン川が注ぎ込んでいるんだ。また，レバノン山脈の麓にはティベリアス湖があって，この一連のラインが将来引き裂かれて，シナイ半島は島になるとされている。

3. 山地地形　61

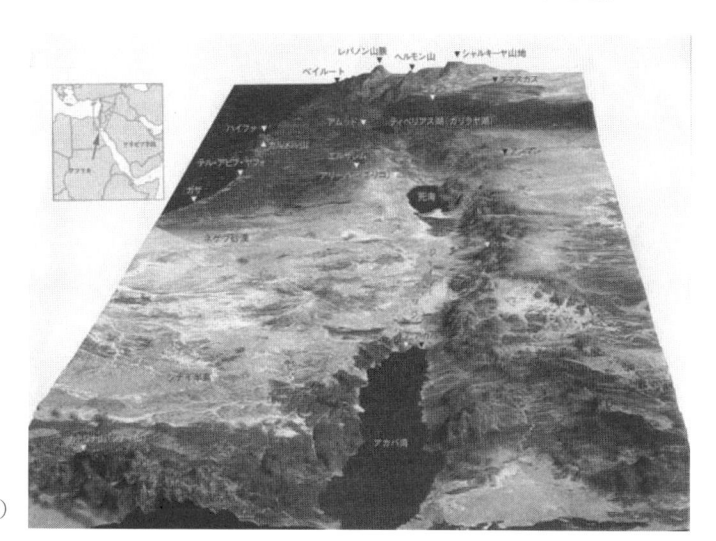

写真Ⅱ-9　死海周辺
（馬場監・高山編 1997）

写真Ⅱ-10　死海 (1)
（児玉 1985）

写真Ⅱ-11　塩の盆栽
（高山 1985）

写真Ⅱ-12　死海(2)（中日新聞社 2006）

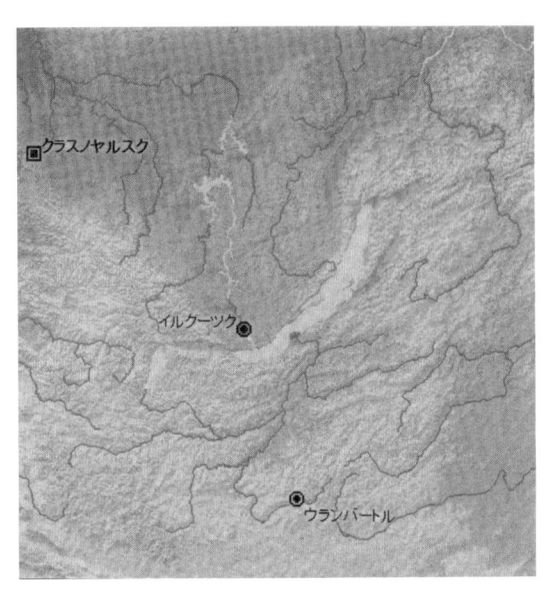

図Ⅱ-18　バイカル湖（エンカルタ 2001）

グラ：死海は海面よりも低いと聞いたけど。

ジオ：そう。海面下392mの内陸湖で平均塩分濃度は32％と非常に高いんだ。

グラ：海水浴で海の水を飲んだ時に塩辛いと感じるけど。

ジオ：海水の塩分濃度は3.4％〜3.8％だから，その約9倍の濃度。死海では魚類はアウトで緑藻類がいるだけだね。

グラ：まさに死の海ね。

ジオ：山の山頂付近が海抜0mの高さだよ（写真Ⅱ-10）。そこから約400m低いところにこの死海がある。

グラ：地球の陸地で最も低い所なの？

ジオ：そう。年降水量は約50mmの乾燥地帯で，ここにヨーロッパからの観光客がやってくるんだ。塩分濃度が高いから，塩の結晶ができて「塩の盆栽」といわれている（写真Ⅱ-11）。また，海水の比重が高いために，浮力が大きくて人間は浮いてしまう。

琴欧州だって浮くんだ（写真Ⅱ-12）。
グラ：……。
ジオ：その他の断層湖としては，ロシアのバイカル湖があげられる。ユーラシアプレート内には破線の部分があるんだ（図Ⅰ-10）。ここはプレートの境界になっていて，細長いバイカル湖がある（図Ⅱ-18）。長さは635kmもあるのに対して，幅はわずか48km～79km。水深は1742m，透明度は40.5mで世界一を誇るんだ。

c．火山

ジオ：火山というのは，第四紀という過去200万年間の火山活動で形成された地形のことなんだ。こうした火山活動の痕跡は，太陽系の惑星のなかでは，地球以外に水星，金星，火星，そして地球の衛星である月でもみられるけど，これらの火山活動の時期は数十億年も昔のこと。NASAの発表によると，火星では細菌や胞子といった生命の痕跡らしいものが発見されているんだ。
グラ：地球以外の太陽系でも，生命が誕生していた可能性が高くなってきたの？

写真Ⅱ-13　木星を回る四つの衛星（大百科編集委員会編 1995）

64　第Ⅱ部　地　形

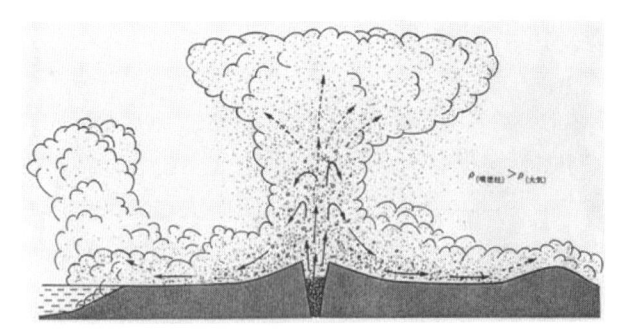

図Ⅱ-19　火砕流噴火の模式図（町田・新井 1992）

ジオ：そうみたいだね。これは，ボイジャー1号と2号がとった木星を回る四つの衛星で（写真Ⅱ-13左），イオ（左上），エウロパ（右上），ガニメデ（左下），カリスト（右下）だけど，イオの表面はオレンジや赤色のイオウで覆われていて，火山活動の痕跡を示しているんだ（写真Ⅱ-13右）。

　こうした太陽系の惑星に対して，地球は30億年以上も前からマグマを地表に放出している。このマグマは，地下30km〜100kmの上部マントルでできたもので，発生の熱源というのは，隕石の衝突とかウランなどの放射性元素の崩壊にともなって発生するとされているんだ。

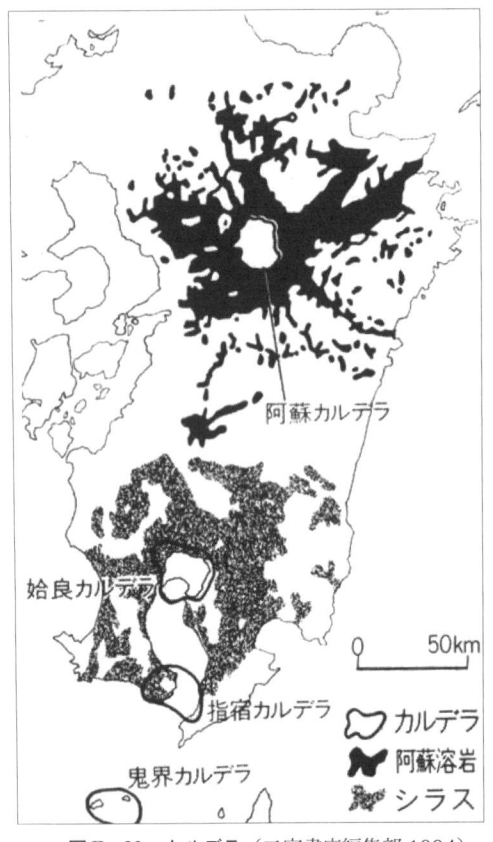

図Ⅱ-20　カルデラ（二宮書店編集部 1994）

写真Ⅱ-14　雲仙普賢岳の大規模火砕流(1)
（石井・奥田監 1995）

ジオ：これは火砕流噴火の状況を模式化したものだけど（図Ⅱ-19），この火砕流が水と接触すると，二次的爆発いわゆる水蒸気爆発を起こすんだ。

グラ：ジオ，火山噴出物って何？

ジオ：これには気体としての火山ガスや液体としての溶岩，そして固体としての火山砕屑物，例えば火山灰や火山礫，火山岩塊などがあるんだ。なかでも溶岩は二酸化珪素を含んでいて，この量が多いとネバネバの溶岩，少ないとサラサラとした溶岩になる。そして，この溶岩の性質の違いがさまざまな火山地形をつくる要因となるんだ。

グラ：ジオ，火砕流というのは？

ジオ：従来，この恐ろしさはあまり知られていなかったけど，この火砕流の大部分は水蒸気からなる火山ガスつまり熱風なんだ。このガスは，突風のように時速数百 km で吹き抜けるために，やけどしたり窒息したりしてしまう。

グラ：……。

ジオ：九州の地形の多くは火山噴出物からなっていて，なかでも阿蘇山は，更新世後期に4回の大規模な噴火を起こしている。その結果，阿蘇山周辺には火山噴出物が厚く堆積していて，これが阿蘇溶岩といわれるものなんだ。

グラ：溶岩がカルデラの中心から約 100km の谷沿いまで流れ出ているのね（図Ⅱ-20）。

ジオ：そう。大分川や大野川，五ヶ瀬川（五十鈴川），緑川，白川，菊池川，そして筑後川沿いに堆積している。一方，2万5000年前～2万2000年前の間に姶良カルデ

写真Ⅱ-15　雲仙普賢岳の大規模火砕流 (2)（清水 1995）

写真Ⅱ-16　雲仙普賢岳の噴火前と噴火後の様子（佐藤・谷岡ほか 1995）

　　　ラが大爆発して，南九州には白い砂と書いてシラスとよばれる火砕流堆積物が数十
　　　mの厚さで堆積している。当時九州の南部は壊滅状態に陥って，生物はほとんど死
　　　に絶えたといわれているんだ。
グラ：……。
ジオ：長崎の普賢岳では，1991年の6月3日に大規模な火砕流が発生したんだ（写真Ⅱ
　　　-14）。火山学者は以前からこの火砕流の危険性を指摘していたけど，普賢岳ではこ
　　　の火砕流によって多くの犠牲者がでてしまった。
グラ：……。
ジオ：そして，その後に集中豪雨による洪水と土石流の二次災害が発生したんだ。これが
　　　旧深江町（現南島原市）の人びとの命を奪って，一帯を不毛の地としてしまった（写
　　　真Ⅱ-15）。その後，ようやく火山活動もおさまって，7年後の1998年に普賢岳
　　　の登山の許可が出たんだ。
　　　　これは噴火前と後の普賢岳の様子だけど（写真Ⅱ-16），1990年11月17日に
　　　198年ぶりに噴火したんだ。白色はその後の火砕流の跡で，山体が一変して火砕
　　　流が旧深江町や島原方面に流出し始めたけど，標高819mの眉山が楯になって島
　　　原市を守ったんだ。島原市は松平7万石の城下町。この眉山がなかったら，人口
　　　約5万人の市は火砕流と土石流で甚大な被害を受けていたかもしれない。
グラ：……。

ジオ：次に火山の種類と特徴についてみてみよう。世界には約750の活火山があって，

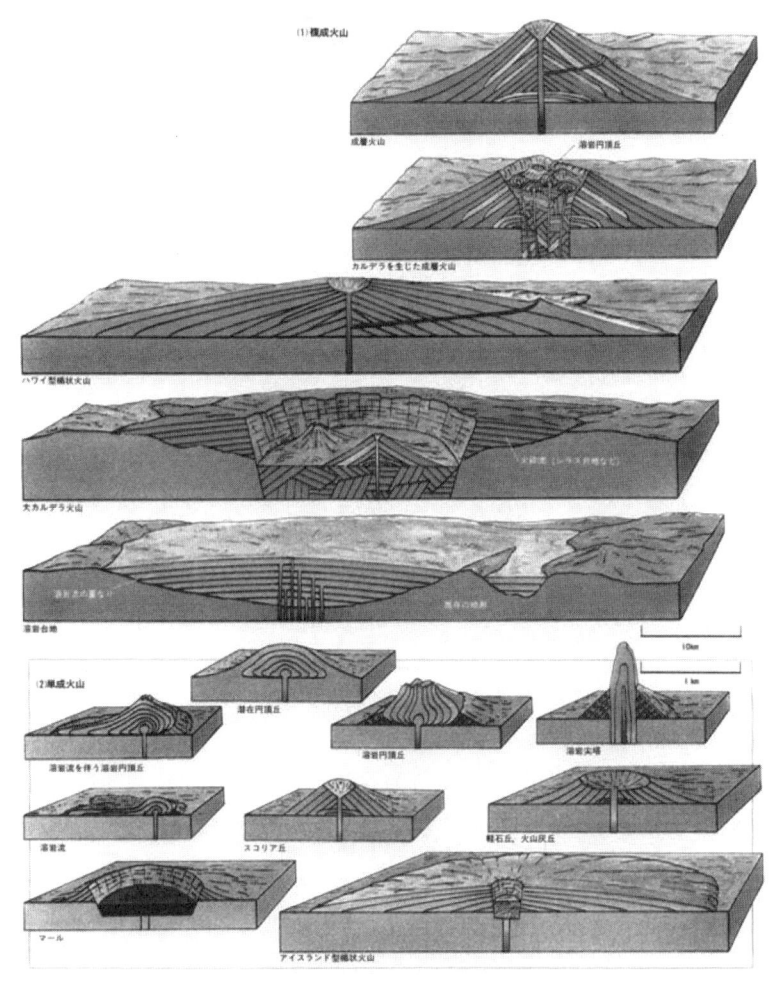

図Ⅱ-21　火山の種類と模式断面図（中村 1983）

日本にはそのうち 77，世界の 1 割以上の火山が活動しているんだ。1993 年は異変の年といわれて，コロンビアのガレラス火山やフィリピンのマヨン火山の噴火が相次いで，火山の噴火が多発した年でもある。

グラ：この年には世界各地で大水害と集中豪雨，竜巻が発生したよね。

ジオ：1990 年代になって，地殻変動にも異常がみられて，地震災害が各地で多発しているね。

グラ：地球の大気の循環も狂い始めている。

ジオ：こうした異常現象がその後頻発していて，今ではこれが異常ではなくなっている。実は，地球環境の異変の原因は，人為的なものが多いんだ。

グラ：……。

ジオ：話を火山に戻すけど，火山は形成過程によって大きくは複成火山・複式火山と単成火山・単式火山とに分けられる。つまり，何回も噴火を繰り返して火山ができるのか，1 回の噴火でできるのかということ。

68　第Ⅱ部　地　形

図Ⅱ-22　コンピュータで描いた立体的に見える地図（佐藤・谷岡ほか 1995）

写真Ⅱ-17　富士山－大沢崩れ（山本・吉村編 1984）

ジオ：模式断面図で火山の違いをみると（図Ⅱ-21），さまざまな火山地形のあることがわかるよね。まず複成(式)火山のコニーデ，成層火山や円錐火山ともいって，火山灰や火山礫，溶岩などが互層になって堆積している。

これは，富士山周辺の状況を高さを強調して画像処理をしたものなんだ（図Ⅱ-22）。

グラ：富士山は見事な円錐状の火山なのね。

ジオ：静岡県側には大沢崩れがあって（写真Ⅱ-17），地層の断面がよくわかる。グラフィー，地層の堆積状況をみてごらん。

グラ：バームクーヘンのように，噴出物が何層にも積み重なっているのね。

ジオ：グラフィーは富士山に登ったことある？

グラ：ううん。

ジオ：今から約300年前の1707年の12月16日に，宝永の噴火があったんだ。でも，それ以来富士山は静穏を保っている。小学生の時にこの富士山を登山して，山梨の吉田口から登って静岡の御殿場におりてきたことがある。山頂から火口の跡をのぞいてみたけど，いつ噴火してもおかしくない状況だった。

ところで，1992年に「富士山爆発」が話題になったことがあって，99年の9月にも爆発を予言する人がいたんだ。

図Ⅱ-23 歴史時代に活動した火山の分布と活動の型（町田 1987）

写真Ⅱ-18 マヨン山（太田編 1985）

グラ：なぜなの？

ジオ：これは，歴史時代に活動した火山の分布と活動の型を示したものだけど（図Ⅱ-23），1990年代に伊豆の新島と伊豆大島の三原山が噴火した。三原山は2001年5月29日にも噴火して，その後小康状態が続いたんだ。こうした火山の噴火が南部から北部に移動して，それが箱根，富士山，八ケ岳へと続くと予想されたんだね。それは，この時期に伊豆沖で地震が頻発することともかかわっていて，1990年代には火山性の地震と火山の噴火がこの地域に集中している。1707年の宝永の噴火の49日前には，マグニチュード8.4の巨大地震が発生したことがあるんだ。

グラ：宝永の地震ね。

ジオ：こうした地震と火山噴火との密接なかかわりが最近指摘されるようになってきた。今後予想される東海地震，これが富士山噴火の引き金になるとする見解もあるんだ。

グラ：……。

ジオ：そして，その他のコニーデ式の火山としては，北海道の羊蹄山（蝦夷富士），青森の岩木山（津軽富士），フィリピンのマヨン山，ニュージーランドのエグモント山などがあげられる。

これは，フィリピンのルソン島にあるマヨン山で標高2452 m（写真Ⅱ-18）。

グラ：富士山よりも美しいね。

ジオ：火山の裾野が広く，現在も活動中で噴煙がみえる。

これは，ニュージーランドの北島にあるエグモント山（2158 m）で（写真Ⅱ-19），最近の噴火は富士山と同じ約300年前。山麓線が山を中心として同心円を描いて

写真Ⅱ-19　エグモント山（太田 1985）

　　　いるけど，これは標高 360 m 以上の地域が国立公園になっていて，公園内にシダ
　　　類の原生林が保存されているためなんだ．
グラ：人為的な外縁で見事な同心円状をしている．
ジオ：次に，アスピーテ(楯状火山)は，流れやすい玄武岩質の溶岩からできていて，楯
　　　を伏せたようななだらかな火山が形成されるんだ（図Ⅱ-21）．ハワイ島にあるマ

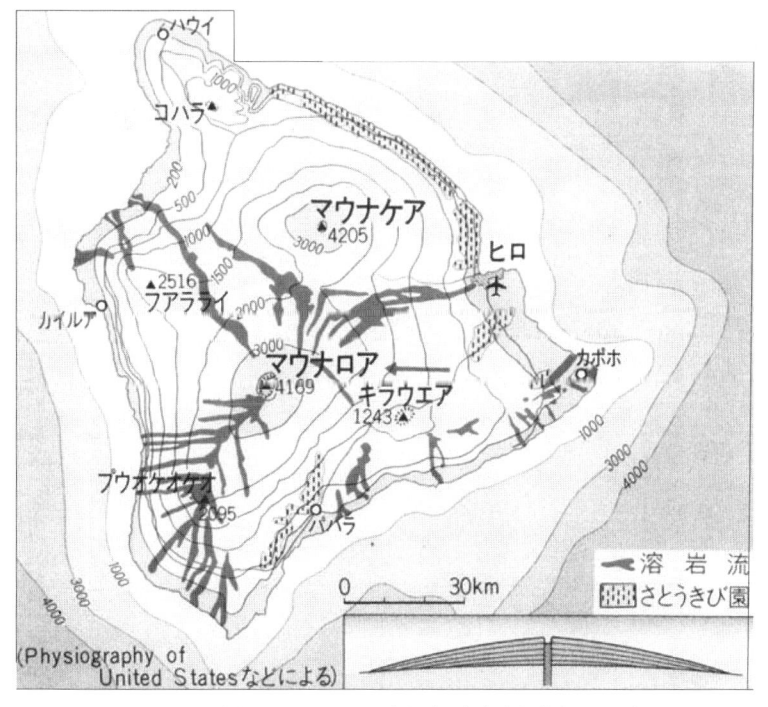

図Ⅱ-24　楯状火山（ハワイ島）（二宮書店編集部 1994）

ウナケアやマウナロアがそう。
　　　マウナケアとマウナロアは4000m級のアスピーテで（図Ⅱ-24），山稜線はなだらかなんだ。日本では長野の霧ヶ峰がそう。
グラ：霧ヶ峰では，ゆるやかな斜面がハンググライダーやスキー場として利用されているよね。

◆ ドローッと流れたキラウエア

ジオ：また，ペジオニーテ(溶岩台地)は，流動性の高いドローッとした溶岩が多くの亀裂から繰り返し流出・堆積して，台地状の火山を形成しているんだ（図Ⅱ-21）。インドのデカン高原などもこの溶岩台地。また，ハワイのキラウエアの山頂はカルデラで，山麓はこのペジオニーテからなっている（図Ⅱ-24）。オーシャンエントリーとよばれる海岸線では，高熱の溶岩が海水と接触して水蒸気爆発が起きてるんだ。
グラ：ジオ，カルデラって何？
ジオ：火山の中心部に形成された大規模な凹地だよ。このカルデラは，単成（式）火山の場合と複成（式）火山の場合があって，カルデラの形成後に中央火口丘ができると複成火山になるんだ。また，カルデラは形成要因によって，大きく爆発カルデラと陥没カルデラとに分けられている。

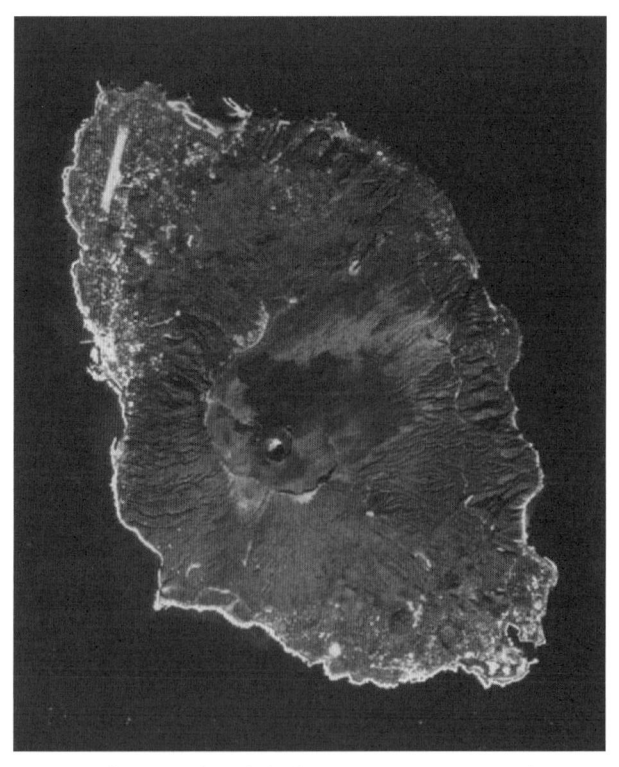

写真Ⅱ-20　伊豆大島（インターネットHP 2002）

3. 山地地形　73

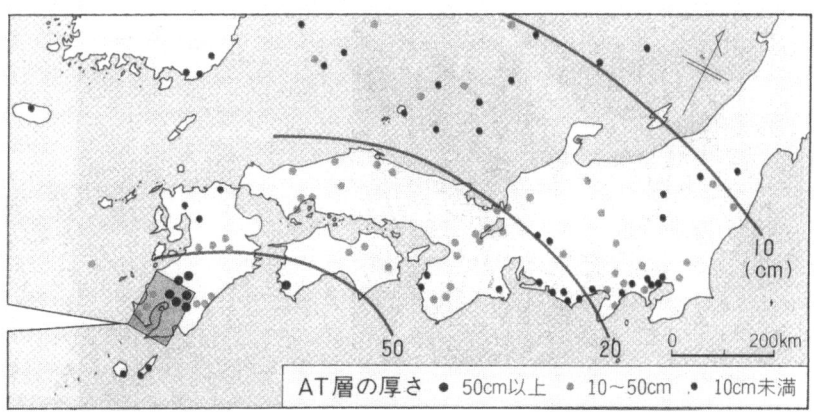

図Ⅱ-25　姶良 Tn 火山灰の分布（佐々木 1991）

図Ⅱ-26　桜島（リモートセンシング技術センター編 1997）

ジオ：まず，爆発カルデラの事例をみると，これは伊豆大島の三原山の外輪山と火口の様子だけど（写真Ⅱ-20），山頂が吹き飛んで，外輪山の内側に中央火口丘が形成されたんだ。

グラ：火山灰などが東の風下側に堆積しているのがわかる。

ジオ：鹿児島の姶良カルデラは3万9年前に大爆発したんだ（図Ⅱ-25）。直径20km以上にわたる地域が爆発して，カルデラが形成された。その爆発で，鹿児島湾（錦江湾）が形成され，その後火口丘としての桜島ができたんだよ。そして，火山灰が日本列島各地に降り積もったんだ。

グラ：単位はcmだから，各地に大量の火山灰が降り積もったのね。

ジオ：この2万数千年前に，西日本を中心として日本列島は大きな被害を受けたといわれているんだ。

グラ：……。

74　第Ⅱ部　地　形

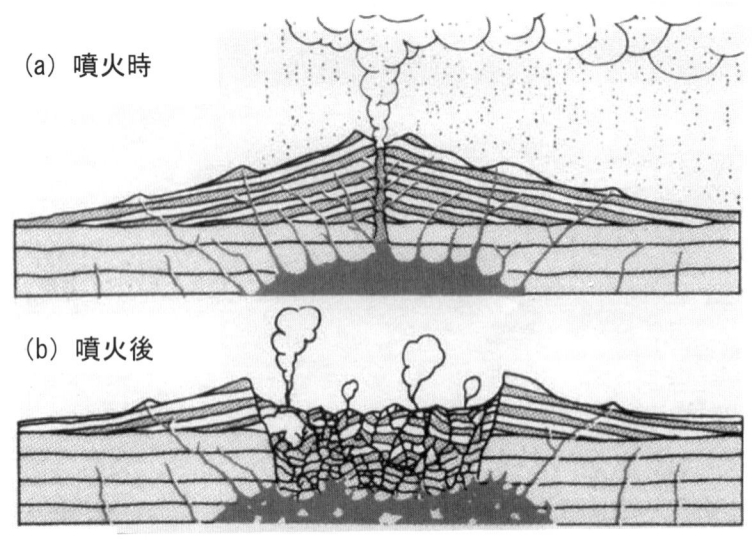

(a) 噴火時

(b) 噴火後

図Ⅱ-27　カルデラのでき方（二宮書店編集部 1994）

図Ⅱ-28　阿蘇カルデラ（二宮書店編集部 1994）

1 杵島岳
2 烏帽子岳
3 中　岳
4 高　岳
5 根子岳

ジオ：これは鹿児島の桜島で（図Ⅱ-26），鹿児島湾の湾岸一帯がカルデラの内壁なんだ。沿岸は急な崖になっていて，ＪＲ日豊本線はこの崖の下を走っている。1993年8月の集中豪雨と9月の台風13号で九州南部では大災害が発生して，日豊本線の沿線では土石流に巻き込まれ，不通になったことがあるんだ。
　　　この桜島だけど，1914年（大正3年）の大噴火によって，溶岩が流れ出して大隅半島と陸続きになったんだよ。

ジオ：次に，陥没カルデラは山頂部が陥没してできた火山で（図Ⅱ-27），日本では阿蘇山や箱根山に代表される。阿蘇山は約27万年前〜9万年前までの4回の巨大噴火によって陥没して直径約20kmのカルデラができ，その後の噴火で五つの中央火口丘が形成されたんだ（図Ⅱ-28）。
　　　僕はこのカルデラを下山したことがあって，旧阿蘇町（現阿蘇市）の大観峰というところの崖を阿蘇の集落まで降りたんだ。
グラ：どうしてカルデラを下山したの？
ジオ：崖には断層粘土というのがあって，これは陥没した時の摩擦熱で岩石がとけて粘土になって，それがさらに固まって岩になっている。それを確認したかったんだ。

写真Ⅱ-21　開聞岳（服部 1984）

グラ：それだけ？
ジオ：……。
　　　そして，このカルデラに水がたまったものをカルデラ湖というんだ。鹿児島の開聞岳はトロ・コニーデといって，コニーデの上にトロイデという溶岩円頂丘がのっている（写真Ⅱ-21）。その背後には池田湖というカルデラ湖があるんだ。

◆ イッシー・クッシーとカルデラ湖

ジオ：指宿市の池田湖は，開聞岳の噴火とともに池田火山の陥没によってできたカルデラ

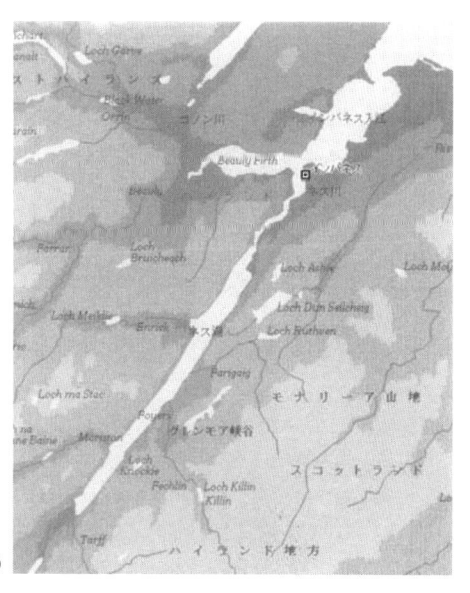

写真Ⅱ-22　池田湖（インターネット HP 2002）

図Ⅱ-29　ネス湖（マイクロソフト 2001）

76 　第Ⅱ部　地　　形

写真Ⅱ-23　イッシー（インターネットHP 2002）

図Ⅱ-30　イッシーシール
（インターネットHP 2002）

　　　湖で，背後が開聞岳（写真Ⅱ-22）。
グラ：ジオ，「もしかするとあなたもイッシーに逢えるかも」とあるけど，イッシーって何？
ジオ：イギリス北部のスコットランドにネス湖があるよね（図Ⅱ-29）。ここにネッシーという怪獣がいるということで，以前話題になった。ところが，このネッシーはゾウの水あびだったという報道が2006年の3月にあったんだ。
グラ：え～っ……。
ジオ：このネス湖のネッシーにちなんで，池田湖にもイッシーがいるというわけ（写真Ⅱ-23）。最近，南九州への観光客が減少していて，このイッシーの登場は観光客の減少を何とかくい止めようという苦肉の策なんだね。
　　　この池田湖ではコイなどの淡水魚が養殖されている。もしイッシーがいれば，淡水魚がそのエサになるはず。でも，池田湖のコイはまるまると太っている。
グラ：……。
ジオ：指宿市ではイッシーシールやイッシー音頭をつくって，観光客の呼び込みに懸命な

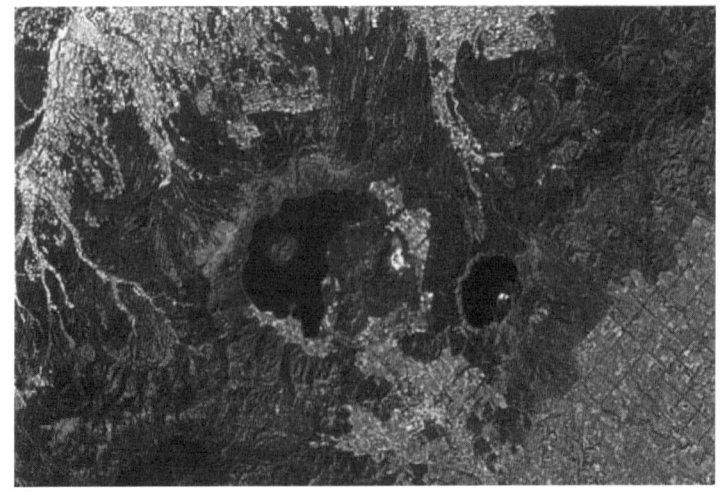

写真Ⅱ-24　屈斜路湖（左）（写真化学1997b）

んだ（図Ⅱ-30）。
グラ：地方都市も大変なのね……。
ジオ：北海道の屈斜路湖もカルデラ湖で（写真Ⅱ-24），中央火口丘の中島があって，水深は118 m，透明度は高くて20 m前後あるんだ。ここにも怪獣がいるとされている。屈斜路湖だから？
グラ：クッシー？
ジオ：そう。
グラ：でも，これだけ透明度が高ければ，クッシーがいれば見えるはずよね。
ジオ：……。
　　　ここでは，クッシー焼きを売っている（写真Ⅱ-25）。
グラ：串焼きに掛けてるの？
ジオ：怪獣の串焼きか……。食べてみたいね。
グラ：……。

写真Ⅱ-25　クッシー（インターネット HP 2002）

ジオ：次に単成（式）火山で，トロイデとよばれる釣り鐘状の火山あるいは溶岩円頂丘が

写真Ⅱ-26　大山（由比浜・豊島編 1984）

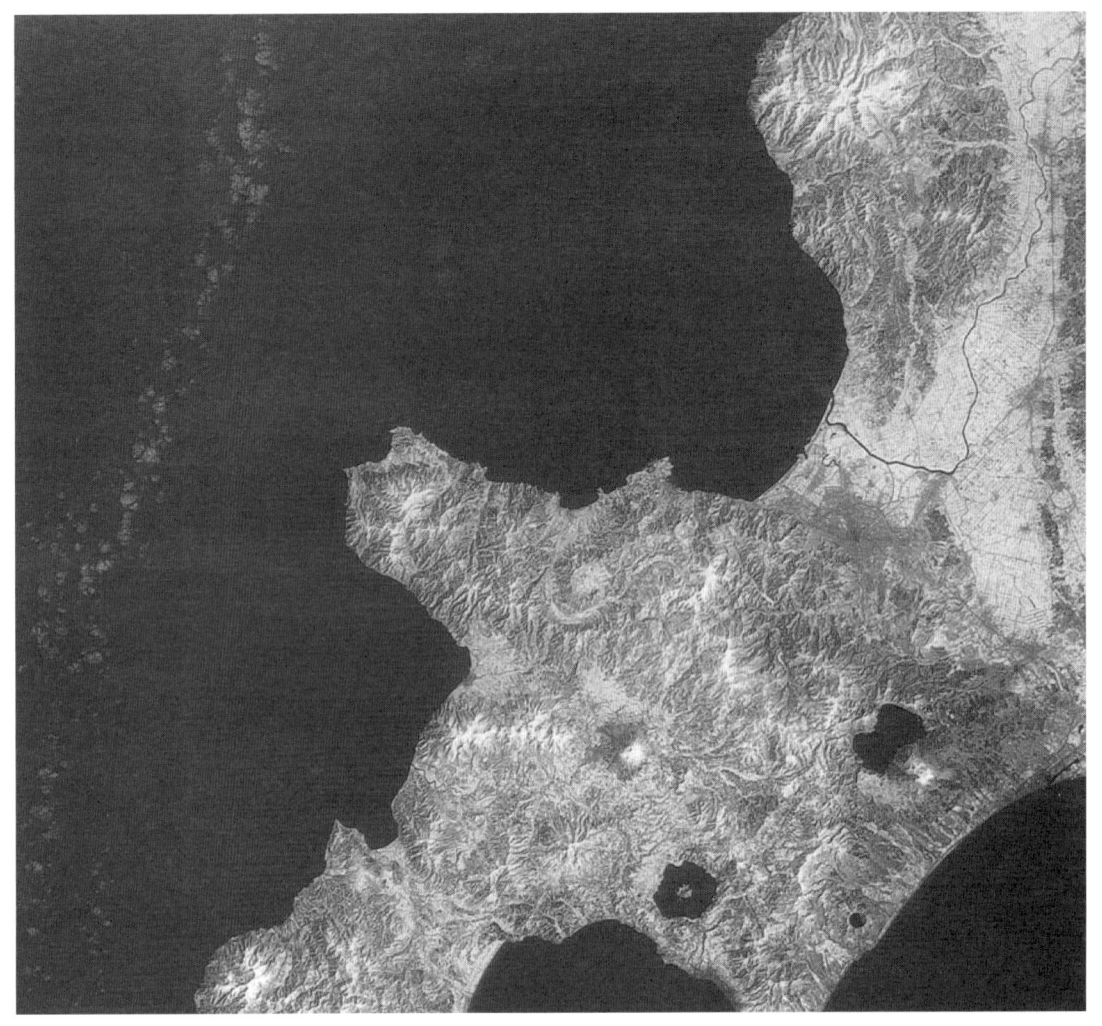

写真Ⅱ-27 羊蹄山周辺の地形（リモート・センシング技術センター編 1997）

あって，これは固まりやすい溶岩からできているんだ（図Ⅱ-21）。鳥取の大山は，伯耆の国にあるので伯耆大山ともよばれていて，山頂が釣り鐘状をしている（写真Ⅱ-26）。

次にベロニーテ。これはいろいろなよび方があって，火山岩尖，塔状火山，柱状火山，溶岩尖塔などというんだ。日本では北海道の昭和新山などがそう。これは，火口中で凝固した溶岩の柱が地表に押し出されたもので，便秘の時と考えたらよくわかるよね。

グラ：……。

ジオ：これは蝦夷富士とよばれている羊蹄山周辺の地形だけど（写真Ⅱ-27），右上が札幌市街で，中央がコニーデの羊蹄山。下に洞爺湖と有珠山，ベロニーテの昭和新山，右下には支笏湖と倶多楽湖があって，洞爺湖と支笏湖，倶多楽湖はともにカルデラ

写真Ⅱ-28　有珠山と洞爺湖カルデラ・昭和新山（中村1983）

写真Ⅱ-29　東尋坊（矢ヶ崎・島田編1984）

湖なんだ。

昭和新山は，1943年〜45年にもともと平坦な畑であったところが盛り上がって火山になったんだ（写真Ⅱ-28）。有珠山は洞爺カルデラの外輪山を形成していて，左から小有珠，有珠新山，大有珠，そして昭和新山と続いている。

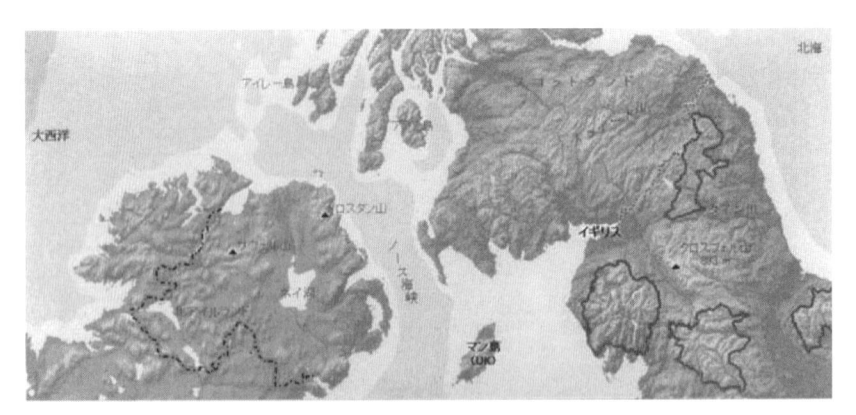

図Ⅱ-31 ノース海峡（マイクロソフト 2001）

写真Ⅱ-30 ジャイアントコーズウェイ（市川・奥村監 1981）

　ところで，火山地形の一つに柱状節理があって，玄武岩や安山岩が徐々に冷やされる時に，その収縮によって柱状の節理ができるんだ。佐賀の唐津市にある天然記念物の七ツ釜や福井の東尋坊（写真Ⅱ-29）では，柱状節理がつくる景勝地になっている。

グラ：東尋坊って変な地名ね。
ジオ：800年ほど前に，乱暴で恨みをかい，酔わされてここから突き落とされた平泉寺の僧の名前に由来しているんだ。

また，伝説によると，イギリスの北アイルランドからスコットランドにかけて（図II-31），巨人のつくったという石の道があって，これをジャイアントコーズウェイとよんでいるんだ（写真II-30）。世界遺産に登録されているみごとな石の柱からなっていて，五角形や六角形をしている。
グラ：なぜジャイアントコーズウェイとよぶの？
ジオ：「フィン・マックール」という巨人が，北アイルランドからスコットランドに渡るためにノース海峡につくった石の道とされているんだ。

◆ デビルズタワーとビッグベア

ジオ：また，デビルズタワーとよばれる「悪魔の塔」が，アメリカ合衆国のワイオミング州北東の端にあるんだ（写真II-31）。約5000万年前に海底からマグマが突き上げて冷やされたために，柱状節理が形成されたんだ。その後隆起して陸地となり，周りは侵食されてなくなって，こうした塔状になっている。上面は直径85 m，高さは265 m，裾野は直径300 mもあるんだ。
グラ：なぜデビルズタワーというの？
ジオ：この地域に住んでいたインディアンの言い伝えによると，頂上には悪魔が住んでいて，このタワーの上で太鼓をたたく。雷がなるのはそのためだとインディアンは信じていたんだ。

写真II-31　デビルズタワー（市川・奥村監 1981）

また，別の伝説によると，頂上に取り残された乙女を捕らえようとビッグベアが麓から襲いかかって，何度も頂上に登ろうとする。そのビッグベアの爪のひっかき跡がこの縦溝の模様だというんだ。

◆「未知との遭遇」の舞台は？

ジオ：このデビルズタワーがロケ地となった映画があるけど，グラフィー知ってる？
グラ：ううん。
ジオ：「未知との遭遇」という映画で，ここは国立公園だけど，このデビルズタワーの麓を基地としてＵＦＯと交信し，宇宙人と遭遇するというストーリーなんだ。
グラ：映画のロケ地として，国立公園でよくＯＫがでたわね。

ジオ：次に，その他の火山地形として，スコリア丘というのがある（図Ⅱ-10）。
グラ：スコリアって？
ジオ：玄武岩などのマグマの発泡によって形成された火山砕屑物で，スコリアは多孔質で黒い色をしているんだ。白い色のものは，パミス（軽石）とよんでる。
　　これは伊豆の大室山というスコリア丘（写真Ⅱ-32）。
グラ：みごとな円錐形の火山ね。
ジオ：バスや乗用車の大きさで規模がわかると思うけど，山頂までリフトで約5分，山頂はパラグライダーの練習場になっているんだ。
　　大室山を角度を変えて撮影したこの2枚の写真だけど（写真Ⅱ-33），実体視といっ

写真Ⅱ-32　大室山(1)（山本・吉村編 1984）

写真Ⅱ-33　大室山(2)（日本地図センター 1977）

　　て右の目で右の写真を左の目で左の写真をみると，両者が近づいて重なった時に大
　　室山が立体的に飛び出してみえるんだ。グラフィー，実体視してみて。
　グラ：……。みえない……。

写真Ⅱ-34　三保の松原（インターネット HP 2007）

写真Ⅱ-35　山川港（服部 1984）

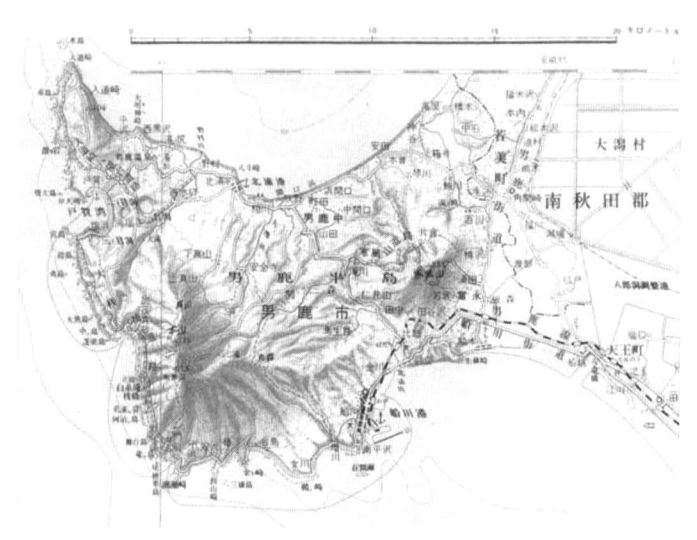

図Ⅱ-32　男鹿半島（国土地理院 1983）

ジオ：ところで，日本の海岸は「白砂青松」といわれて，白い砂浜と青い松が一般的だよね。ところが，静岡の三保の松原はこうした色の海岸をしている（写真Ⅱ-34）。これは，富士山や箱根から噴出した黒色の玄武岩やスコリアが打ち上げられて，このような色の海岸になっているんだ。

ジオ：次に，マールは爆裂火口湖ともいって，ガス爆発でできたものなんだ（図Ⅱ-21）。鹿児島の指宿市にある山川港は，半分以上が爆発して火口が港になって，周りに小高い山を形成している（写真Ⅱ-35）。

グラ：背後の山はトロコニーデの開聞岳ね。

写真Ⅱ-36 マール（北條・中川編 1984）

ジオ：そう。この山川港はカツオ・マグロの遠洋漁業の基地で，古くは異国船番所をおいた貿易港でもあって，島津藩の琉球出兵の基地となった港なんだ。
　　　また，秋田の男鹿半島の西の端に戸賀湾という港があるけど（図Ⅱ-32），これはマールがその後の波によって侵食されて湾になったもので，ここには奥から一ノ目潟や二ノ目潟，三ノ目潟とよばれるマールもある（写真Ⅱ-36）。手前の戸賀湾は風待ち港ともいわれているんだ。
グラ：風待ち港？
ジオ：日本海沿岸では冬の季節風やシベリア気団の北西風が強いために，ここに一旦停泊して風のやむのを待ったんだ。

4. 平野地形

a. 侵食平野

ジオ：次に平野の地形をみてみよう。平野地形には二つあって，侵食平野と堆積平野。また，侵食平野には準平原と構造平野があるんだ。

まず，山地が侵食しつくされた平野のことを準平原という（図Ⅱ-33）。準平原には高位準平原と低位準平原とがあって，これは先カンブリア時代の約46億年前～6億年前の楯状地の基盤岩でできた低地や高原で，バルト楯状地やカナダ楯状地などに代表されるんだ。この準平原は大平原をなすけど，グラフィー，大平原のイメージってどんな？

グラ：う～ん……。

ジオ：たとえば，日本で一番広いとされている関東平野は東西幅で100kmぐらい（写真Ⅱ-37）。快晴の日には，関東平野のどこからでも富士山を望むことができるし，北の日光などの山々をみることもできる。ところが，日の出や日の入りを山地や丘陵地でみることはあっても，地平線にみることができるのは，日本では北海道の一部を除いてないんだ。

日本は島国といっても，われわれは山国で育ってきたといってもいい。

グラ：つまり，日本のどこにいても，絶えずそばに山があるのね。日本人的な発想で世界の地形をみてはダメなのね。

ジオ：そう。世界の平野というのは，地平線に山がみえる所よりもみえない所のほうが圧倒的に多い。だから，世界には一生の間に一度も山をみずに過ごす人がいる。ある

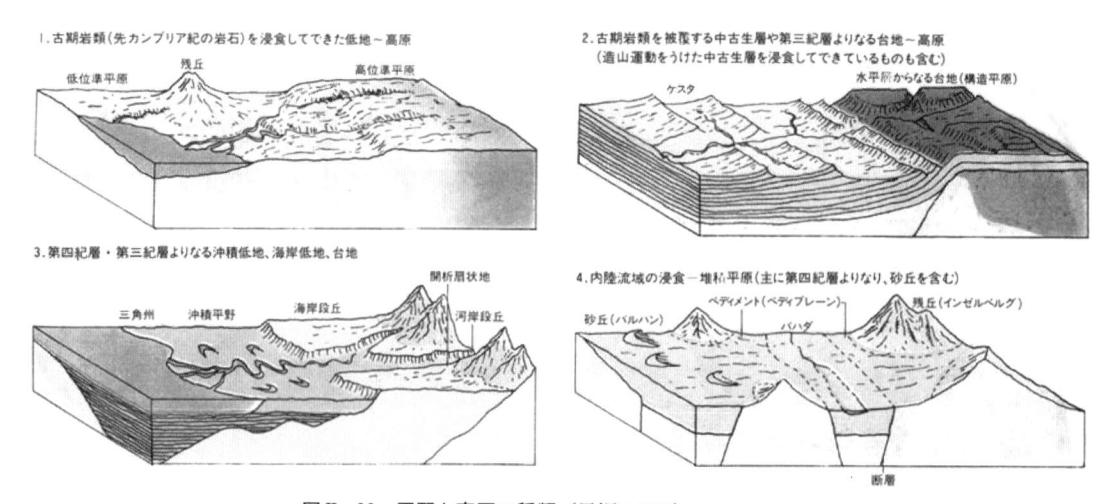

図Ⅱ-33 平野と高原の種類（貝塚 1983）

写真Ⅱ-37 関東平野（菊地 1984）

図Ⅱ-34 ユーラシア（マイクロソフト 2001）

いは一度も海をみずに終わる人がいる。なかには，森をみずに，雪や氷をみずに一生を終わる人もいるんだ。

グラ：……。

ジオ：このように，世界には平坦なところの方が多くて，日本のように起伏が激しくて気候の変化のある所はむしろ少ないんだね。

　　たとえば，東ヨーロッパや西シベリア低地（図Ⅱ-34）。ここには日本列島がいくつも入る。まさに「一望千里」で，ジェット機で1時間飛んでも同じような草原

　　　　地帯が広がっているんだ。
　　　　タイガとよばれる針葉樹のなかを，大陸横断鉄道（バム鉄道）でウラジオストクから11日間をかけてモスクワに行くことができる。この11日間のうちの3分の2は，同じ針葉樹の景色のなかを走るんだ。
グラ：同じ森のなか……。
ジオ：11日間で運賃は約17万円。これがヨーロッパに行く一番安い方法だった。これまでは。ところが今は，航空運賃が格安となって，時期にもよるけど数万円でヨーロッパを往復できるようになったんだ。

◆「バルジ大作戦」の舞台は？

ジオ：話を戻して，準平原のなかには高位準平原がある（図Ⅱ-33）。その代表例が，日本では中国地方の吉備高原。外国ではフランス北東部からベルギー南東部，ルクセンブルク北部にかけてのアルデンヌ高原（図Ⅱ-35）で，標高400m～600mの隆起した高位準平原なんだ。
　　　　グラフィー，「バルジ大作戦」という映画知ってる？
グラ：知らない。

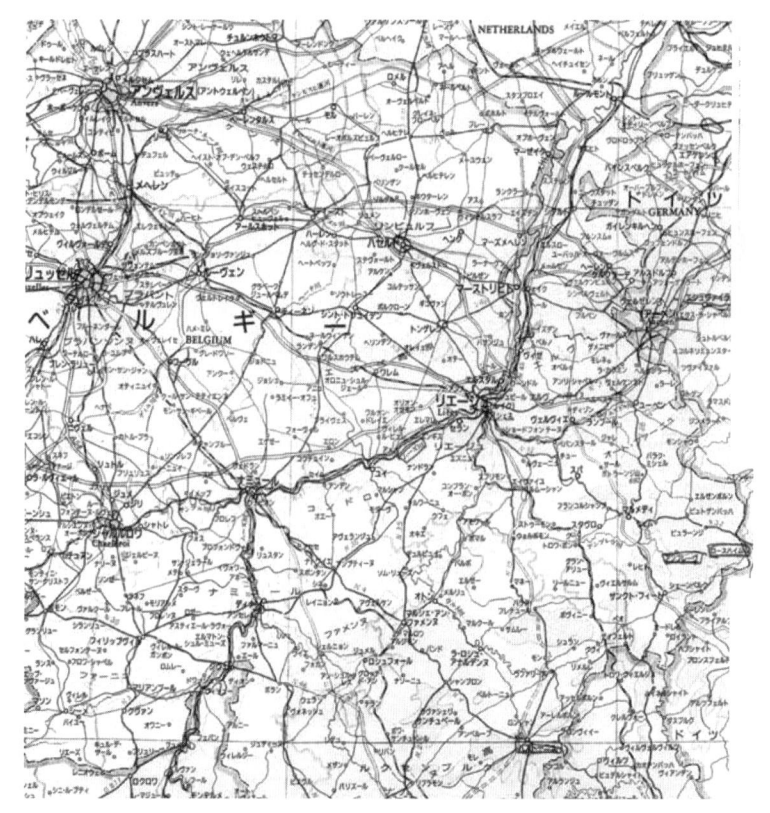

図Ⅱ-35　アルデンヌ高原（梅棹・前島監 1992に一部加筆）

ジオ：これは，第二次世界大戦にドイツ軍のヘスラー大佐率いる戦車隊が，アルデンヌ高原のロスハイム峠からアンブレーブ，そしてバストーニュ，さらにはムーズ川を渡ってアンヴェルス（アントウエルペン）に攻め入ろうとしたんだ（図Ⅱ-35）。このムーズ川付近で，アメリカの空挺師団がこれに対抗した。高位準平原の地形をうまく利用した戦車の攻防戦なんだ。

グラ：戦争映画なの？

ジオ：単なる戦争映画ではない。戦争によって人生の何もかもが犠牲になる。家族までもが断ち切られる。そうした戦争と人間を描き，さらにはヘスラー大佐の戦争人間としての生き方を問うた映画なんだよ。

また，「コンバット」というテレビ番組があって，これは第二次世界大戦のフランスを舞台として，アメリカ軍とドイツ軍との戦いを描いたものだけど，これも戦争を通して人間としての生き方や考え方を描いたものなんだ。

グラ：……。

ジオ：次に，構造平野についてみてみよう。これは，古生代から中生代の地層が，楯状地の基盤岩を覆ってほぼ水平に保たれたまま侵食を受けた平野のことなんだ。構造平野の代表的なものが，ヨーロッパ大平原やパリ盆地のケスタ地形，北米とオーストラリアの中央平原。そして，アメリカ合衆国南西部の内陸にある乾燥平地のコロラド高原（図Ⅱ-36）。ここには，10数億年前から形成された大峡谷があるんだ。

グラ：グランドキャニオンじゃない？

ジオ：そう。

◆ モニュメントバレーと映画

ジオ：また，この構造平野のなかには侵食から取り残された地形があって，アリゾナ州か

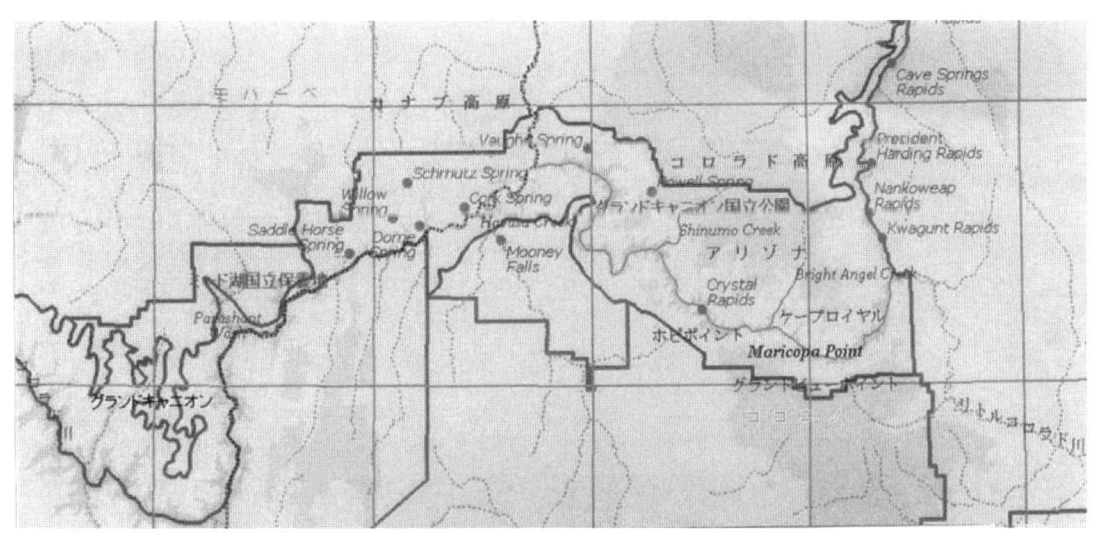

図Ⅱ-36　コロラド高原・グランドキャニオン（マイクロソフト2001）

写真Ⅱ-38 モニュメントバレー（正井 1983）

らユタ州にかけてメサやビュートとよばれる地形が分布している（写真Ⅱ-38）。

グラ：この地形はみたことがあるわ。

ジオ：メサは台地，ビュートは塔のことをいうんだ。海底で水平堆積した地層が隆起をして，それがその後侵食され，硬い部分だけが台地や塔として残っていたり，一部は火山活動の痕跡をとどめている。こうした地域をモニュメントバレーとよんでいるんだ。

グラ：そう！ モニュメントバレー。

ジオ：このモニュメントバレーは数多くの映画のロケ地にもなっていて，「駅馬車」や「イージーライダー」，「フォレストガンプ」，「アイガーサンクション」などの舞台なんだ。

b．堆積平野

ジオ：こうした古い侵食平野に対して，堆積平野があって，主に200万年前〜1万年前の第四紀の更新世とよばれる時期に，川や海の堆積作用によってできた平野のことなんだ。主な堆積平野の地形としては，台地と段丘，海岸平野，沖積平野，そして内陸盆地などがある。

グラ：私たちが住んでいる地形ね。

ジオ：まず台地と段丘だけど，これは更新世に堆積平野が土地の隆起や海面の低下で形成されたもので，海岸段丘と河岸段丘がある。なお，海岸段丘は海岸地形のところでみることにしよう。

河岸段丘は，川が砂や礫を運んで堆積した後に，土地が隆起したり海面が低下して，河床が侵食されて階段状の地形が形成されたものなんだ。

これは，長野の天竜川と三峰川のつくる段丘地形で，六道原というフラットな段丘

写真Ⅱ-39 伊那谷（江波戸 1984）

　　　　面と急な崖の段丘崖からなっている（写真Ⅱ-39）。
- グラ：崖に木が生えているので，階段状の地形がよくわかるね。
- ジオ：次に，海岸平野は浅海底の一部が土地の隆起や海面の低下で陸化したもので，単調な直線状の海岸線になっているんだ。この海岸平野は日本では太平洋岸に多くて，釧路や下北半島，仙台，鹿島浦，九十九里浜，高知平野の一部，宮崎平野などがそう（写真Ⅱ-40）。

- ジオ：グラフィー，九十九里浜をみてごらん（写真Ⅱ-37）。
- グラ：単調な直線状の海岸線ね。
- ジオ：以前の海岸線が内陸にあって，丘陵とは色調が違うのでわかると思う。海面の低下や地震による土地の隆起で，こうした直線状の海岸線になったんだ。
　　　ところで，グラフィー，この九十九里浜の「九」という数字は，「多い，大きい，長い」といった物事を強調するんだ。だから，九十九里浜は約400kmあるわけではない。
- グラ：え？
- ジオ：実際には約60km。

写真Ⅱ-40　日本列島（写真化学 1997b）

グラ：そう……。
ジオ：この九十九とつく地名は，長崎の平戸の南部にもあって九十九島（図Ⅱ-37）。実際は 99 よりも多くて，佐世保市の公表では 208 の島からなっている。
グラ：九十九と書いて「つくも」とよぶ場合もあるよね。
ジオ：このつくもという地名は，代表的なものとしては三つあるんだ。
　一つ目は長崎の島原にあるつくも島（図Ⅱ-38）。実際は 59 の島だったけど，海食つまり波の侵食や埋め立てで 30 に減少している。これは，1792 年（寛政 4 年）に眉山が大爆発して山体が崩壊したんだ。その時の火山噴出物が海中に堆積して形成されたのが，この九十九島。
グラ：その他のつくもって？
ジオ：群馬にあるつくも川で全長わずか 24km。軽井沢の東に碓氷峠があるけど，碓氷川の支流がこの九十九川なんだ。それから，石川の能登半島にあるのがつくも湾。幅はわずか 250m で九十九湾海中公園になっている。

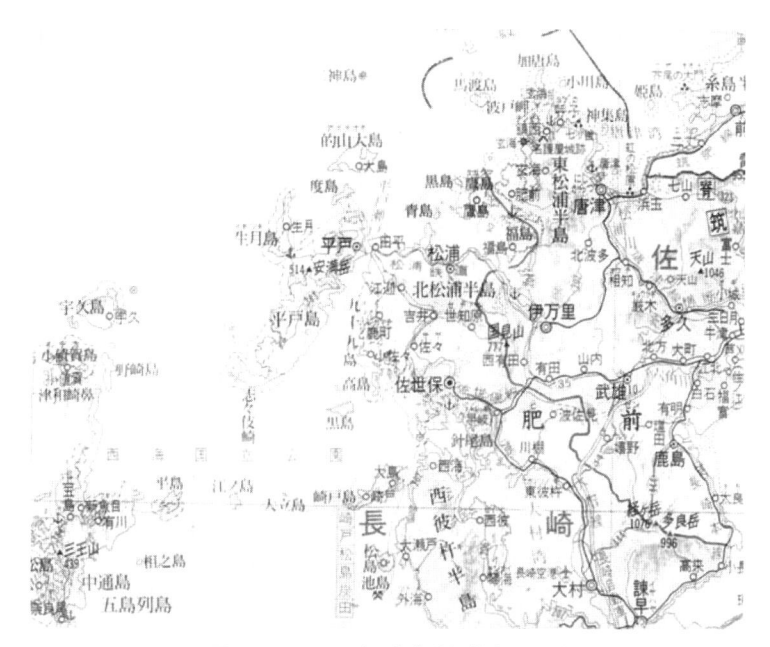

図Ⅱ-37　平戸（二宮書店編集部 1994）

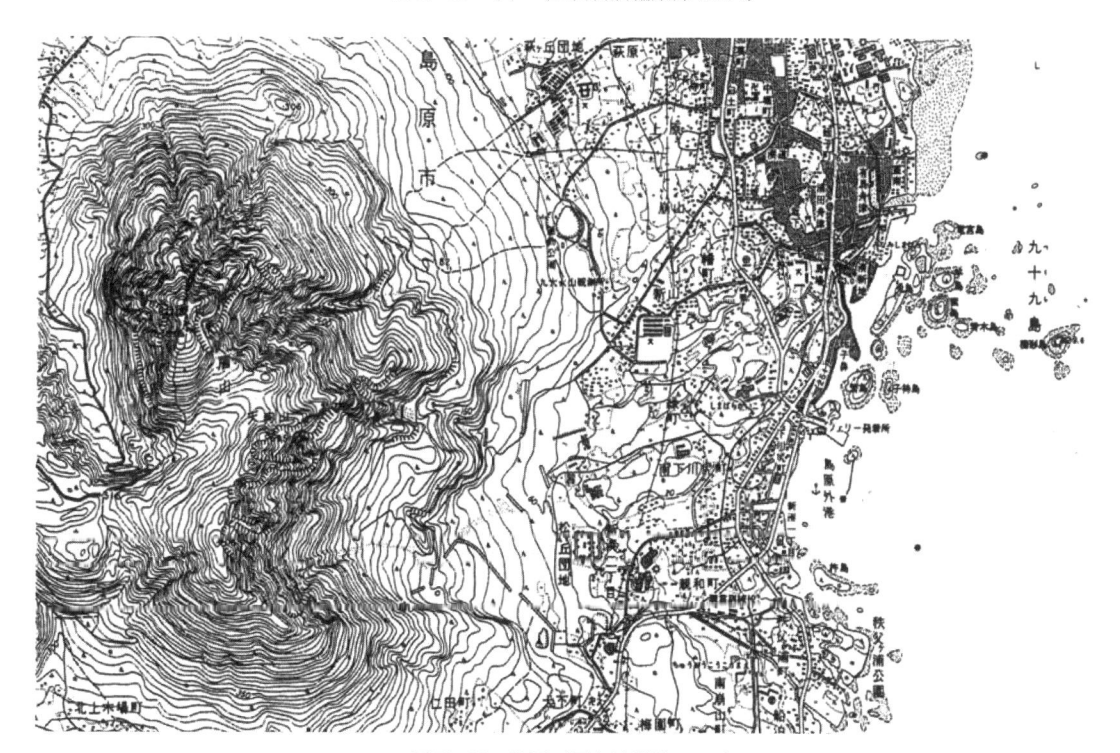

図Ⅱ-38　島原（国土地理院 1988）

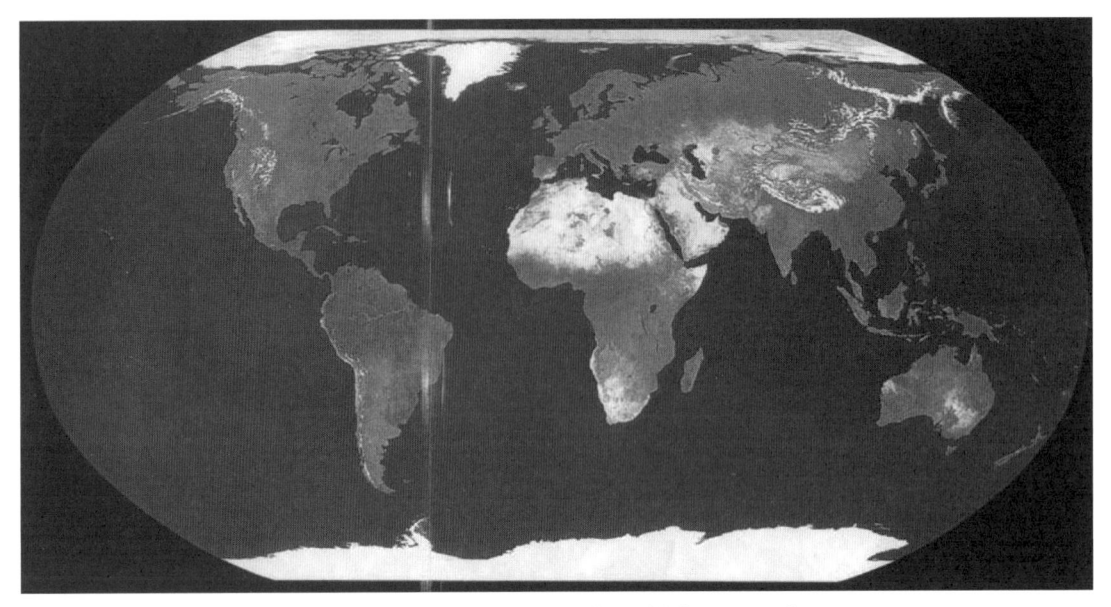

図Ⅱ-39　世界の地形と植生（山本ほか 1994）

ジオ：次に沖積平野で，これは更新世末の2万年前以降に，主に河川の堆積作用でできた平野のことなんだ。

グラ：もっとも新しい平野ね。

ジオ：世界には，アマゾン川やナイル川をはじめとする大河川が沖積平野を形成している（図Ⅱ-39）。これらの平野は，今から6000年前以降に形成されたもの。つまり，現在世界地図に緑で描かれている平野の多くは，この6000年の間につくられた新しい地形なんだ。

グラ：その沖積平野の上に，私たち人類は住まわせてもらっているのね。

ジオ：そう。46億年の地球に，わずか70年〜80年の間，われわれ人類は住まわせてもらっているんだ。「土地の値段が坪あたりいくら」といっている場合ではない。

グラ：地球に対して失礼ね。

ジオ：われわれに身近なこの沖積平野の地形は，さらに扇状地や自然堤防，三角州などの地形で構成されているんだ（図Ⅱ-40）。
　沖積平野の地形をまず扇状地からみてみると，これは地理の教科書でよく取り上げられるけど，甲府盆地の京戸川のつくる扇状地だよね（写真Ⅱ-41）。中央フリーウェイが走っていて，縄文時代の釈迦堂遺跡で知られるパーキングエリア，そして背後にあるのは御坂山地で，ここに御坂峠があるんだ。

グラ：太宰 治が「富士山には月見草がよく似合う」と詠んだ。

ジオ：そう。この京戸川扇状地の土地利用をみると，扇頂部ではキウイ畑，扇央部ではブドウとモモ畑，扇端部の湧水帯では水田となっているんだ。
　また，これは静岡の大井川扇状地の地形を分類したもので（図Ⅱ-41），河道が網

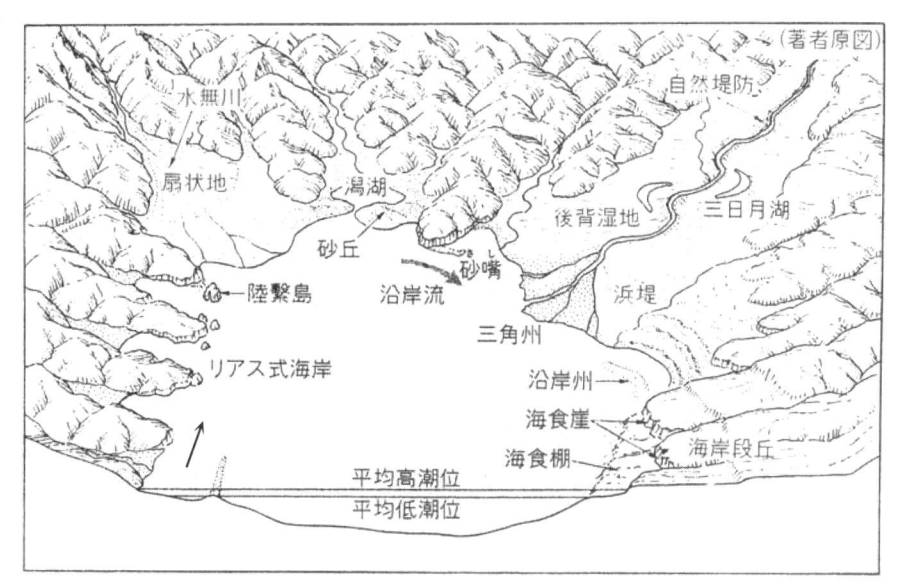

図Ⅱ-40　沖積平野と海岸の地形（栗原ほか 1995）

写真Ⅱ-41　京戸川扇状地（平川 1984）

の目のような網状流をなしていて，川は狭窄部を抜けるといっきに堆積の場を拡げて分流しているのがわかるよね。

　これは空中写真と古地図から大井川の旧河道を復原したもので（図Ⅱ-42），河道が固定されるまでは，扇状地のどこに住んでいても危険な地帯だったんだ。

グラ：この旧河道の流域が水害を受ける地域なのね。

ジオ：この地域には●のドットで示されるように，三角屋敷とよばれる変わった形の家が

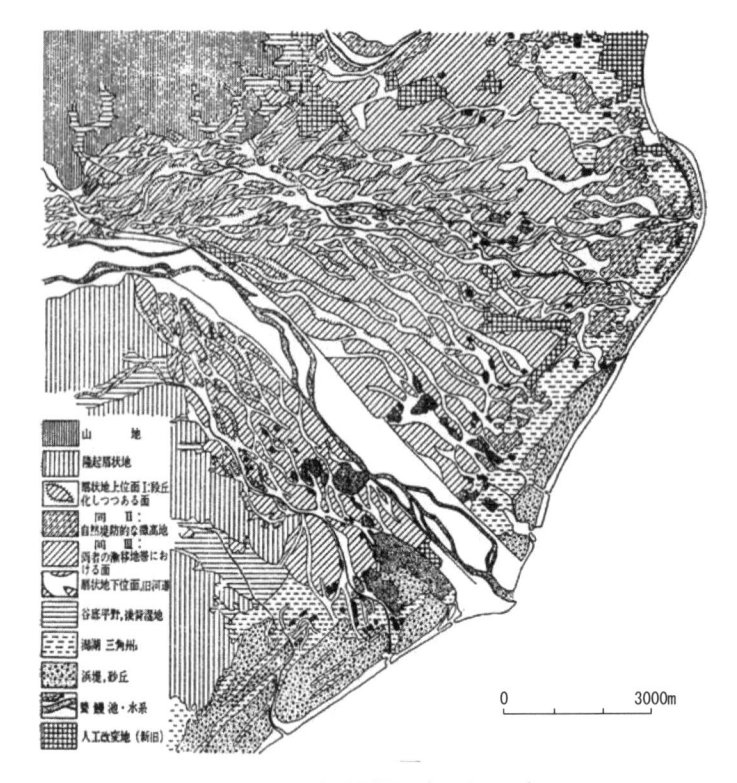

図Ⅱ-41　地形分類図（日下 1973）

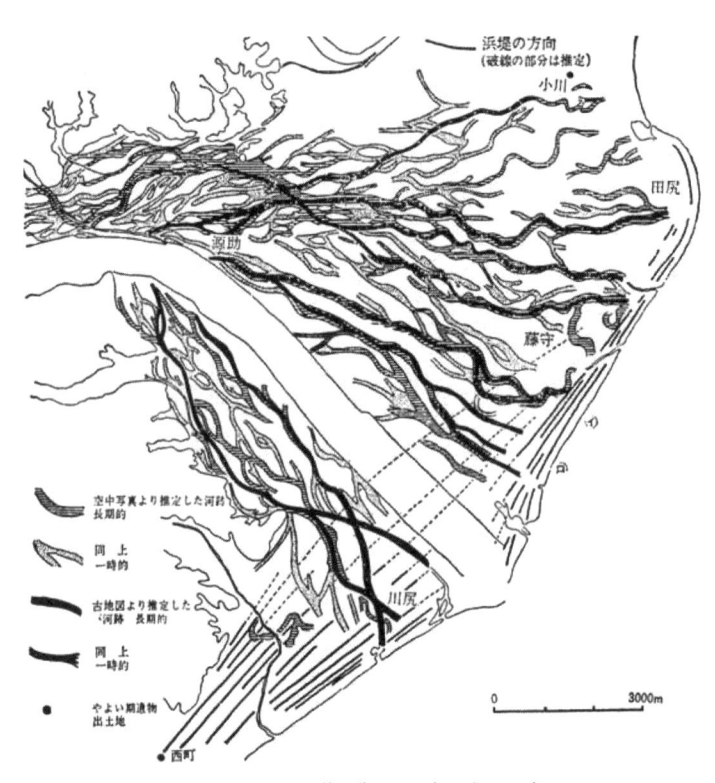

図Ⅱ-42　旧河道の復原図（日下 1973）

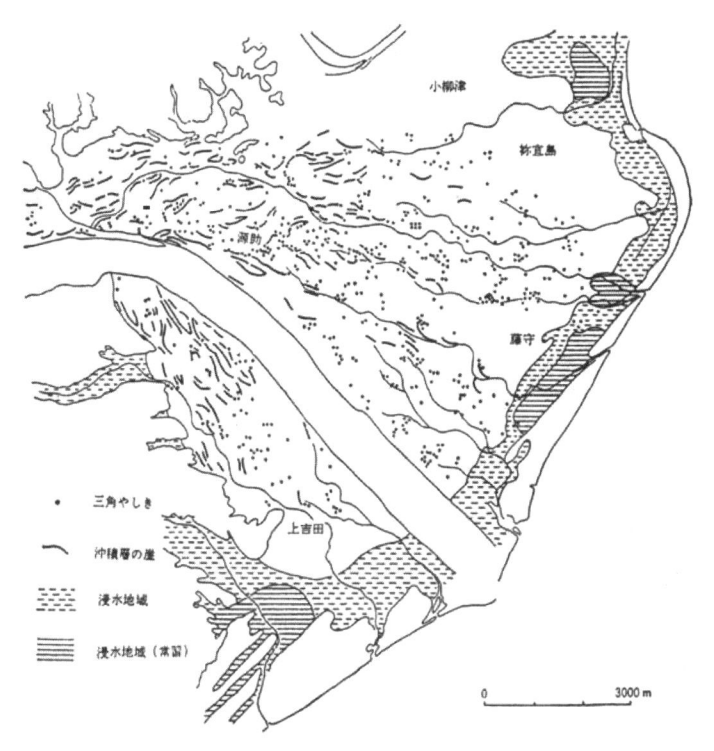

図Ⅱ-43 環境の分析図（日下 1973）

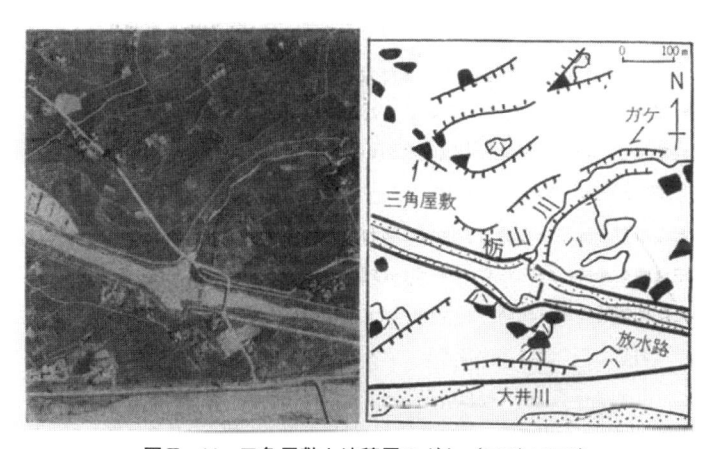

図Ⅱ-44 三角屋敷と沖積層のガケ（日下 1973）

あるんだ（図Ⅱ-43）。砂堆背後の低湿地は浸水地域となっているけど，ここには三角屋敷は少ない。

大井川とその放水路，支流の栃山川があって崖が形成されている（図Ⅱ-44）。家の形をみると，隅が上流域に向かって鋭角になっているんだ。

グラ：洪水の害を最小限におさえる工夫がなされているのね。

ジオ：次に自然堤防と旧河道をみてみよう。昔からの古い集落は，水害からのがれるために，微高地になっている自然堤防上に立地している場合が多いんだ（写真Ⅱ-42）。

写真Ⅱ-42 三重・宮川下流域の微地形（国土地理院1975撮影）

グラ：住宅の集中しているところ？

ジオ：そう。ところが，新興の住宅はこうした地形を無視して立地していることがある。旧河道は一連の帯状の微凹地からなっていて，地下水位が高くて土地が安いために，ここが住宅地となっている場合がある。でもそこは，土地が低いために洪水や津波の時には水没してしまうんだ。

グラ：……。

ジオ：次に三角州だけど，三角州はその形状によって円弧状と鳥趾状，尖状の三つに分けられるんだ。まず，円弧状の三角州はナイル川（図Ⅱ-45）に代表される。地中海の海流の方向は反時計回りで，上流域から流れてきた土砂が，円弧を描くように三角州の地形をつくっているんだ。

これは鳥趾状といって，水鳥の足跡のような形をした三角州で（図Ⅱ-46），ミシシッピ川の河口に代表されるんだ。また，土砂の排出量が多かったり，海や湖の侵食力が強いところでは，先の尖った三角州ができる。これを尖状(カスプ状)といって，イタリアのローマを流れるテベレ川に代表されるんだ（図Ⅱ-47）。

尖状三角州の日本の代表例としては，滋賀の草津川がある（図Ⅱ-48）。

グラ：草津川の河口では，なぜこういった尖った形になるの？

ジオ：背後の河川上流域からの土砂の供給量が多いからなんだ。

4. 平野地形　99

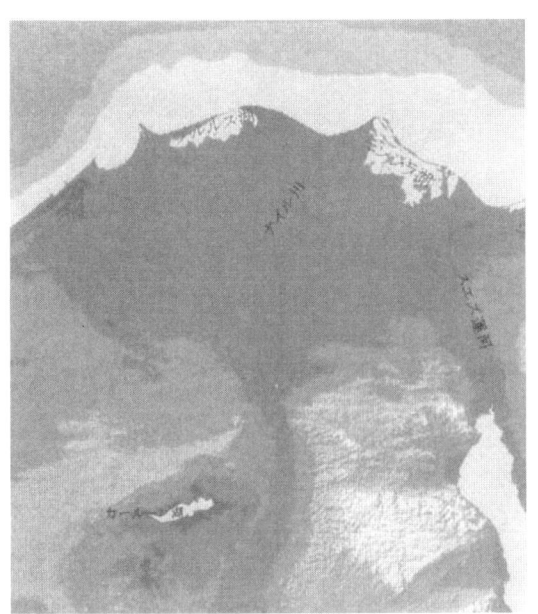

図Ⅱ-45　ナイル川下流域（マイクロソフト 2001）

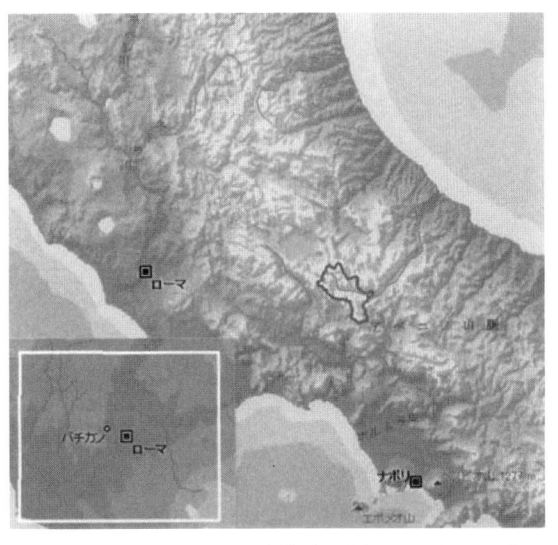

図Ⅱ-47　テベレ川下流域（マイクロソフト 2001）

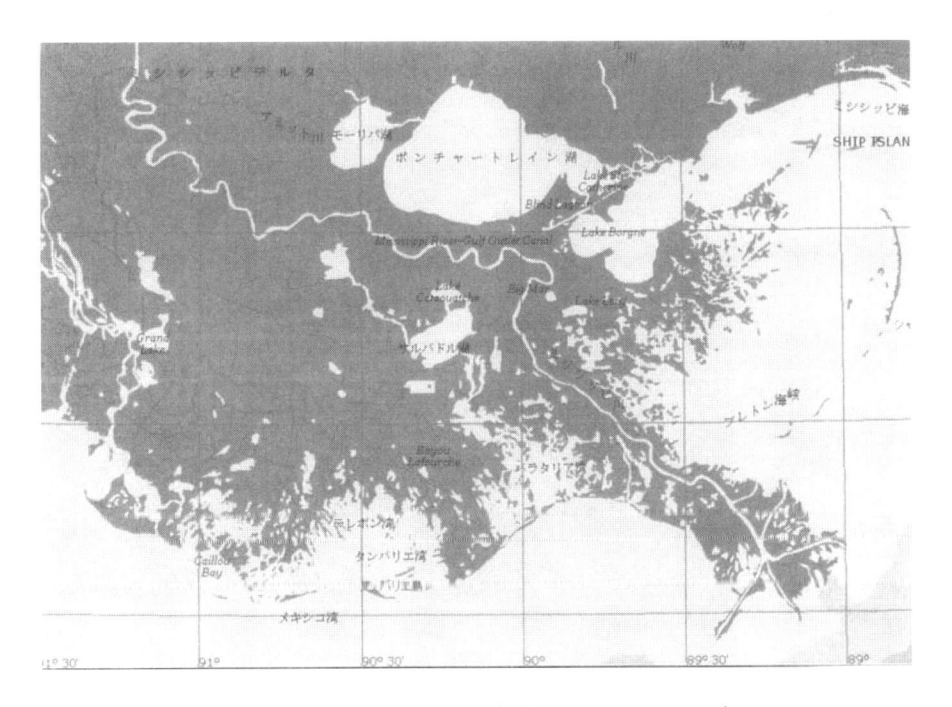

図Ⅱ-46　ミシシッピ川下流域（マイクロソフト 2001）

100 第Ⅱ部 地　形

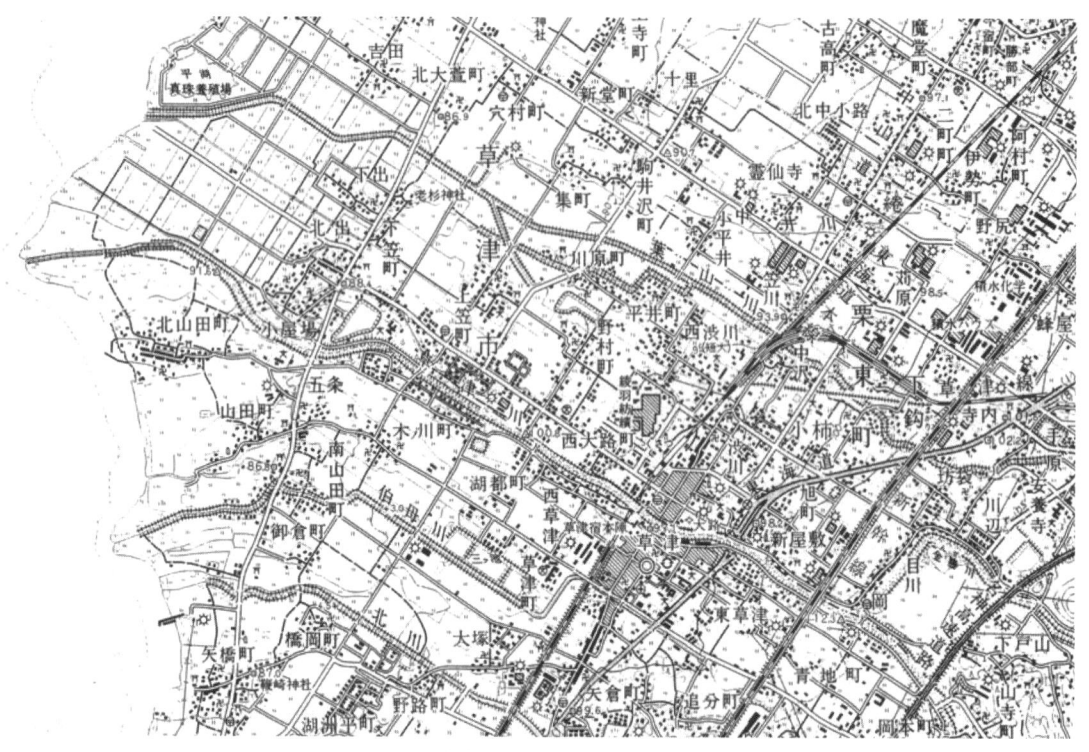

図Ⅱ-48　草津川流域（国土地理院 1978）

写真Ⅱ-43　草津川の天井川（小林 1984）

この地域は交通の要衝で，東海道本線や国道1号，東海道新幹線，名神高速道路が並行して走っている。よくみると，東海道本線と国道1号は草津川の下を通って天井川になっているんだ（写真Ⅱ-43）。

グラ：なぜこうした天井川ができるの？

ジオ：背後の山地が花崗岩地帯でもろくて，多くの土砂が狭い川幅の河床にたまって高くなるので，堤防を高くするんだ。そのために，河床が低地より数mも高い天井川が形成される。川幅が狭いために，上流からの土砂が下流に押し出されて，河口では尖状の三角州がつくられるんだ。

5. 海岸地形

a. 砂浜海岸

ジオ：海岸地形は，地形の形態とそれを構成する地層によって，砂浜海岸と岩石海岸とに，また成因つまり形成要因によって離水海岸と沈水海岸，中性海岸に分けられるんだ。まず砂浜海岸だけど，これは大きく五つあって，沿岸州，浜堤，海岸砂丘，砂嘴，そして砂州。沿岸州は，沖合いにできた海底砂州の一部が土地の隆起や海水準の低下によって海面上に現われたもので，海岸線に平行して発達しているんだ（図Ⅱ-40）。

これはニューヨーク郊外のファイアアイランドだけど（写真Ⅱ-44），海底にあった砂の高まりが隆起して沿岸州をつくっている。

グラ：直線状の海岸線になってるね。

ジオ：次に，磯波によって打ち上げられた砂の高まりを浜堤というんだ。海岸砂丘はこの浜堤の砂が海風で運ばれた小高い丘で，海岸線に沿って列状に分布している。日本では鳥取砂丘（写真Ⅱ-45）や新潟砂丘がその代表例だね。グラフィー，砂丘上をよくみてごらん。

グラ：アリのような黒い点々がみえる。

写真Ⅱ-44　ファイアアイランド（坂口 1983）

写真Ⅱ-45　鳥取砂丘（由比浜・豊島編 1984）

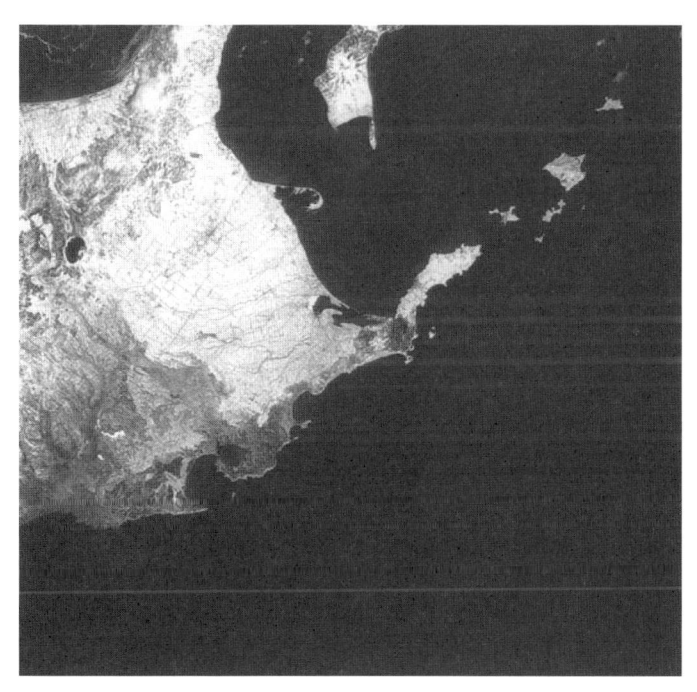

写真Ⅱ-46　野付崎付近の冬の状況（リモート・センシング技術センター編 1997）

ジオ：……。これは，観光客と思われる人のラインだけど，砂丘の規模がわかるよね。またここは，砂丘と海風を利用して，パラグライダーの練習場にもなっているんだ。そして，この沿岸流で運ばれて，鳥の嘴（くちばし）状にのびたものを砂嘴という。北海道

写真Ⅱ-47 弓ヶ浜半島（豊島 1984）

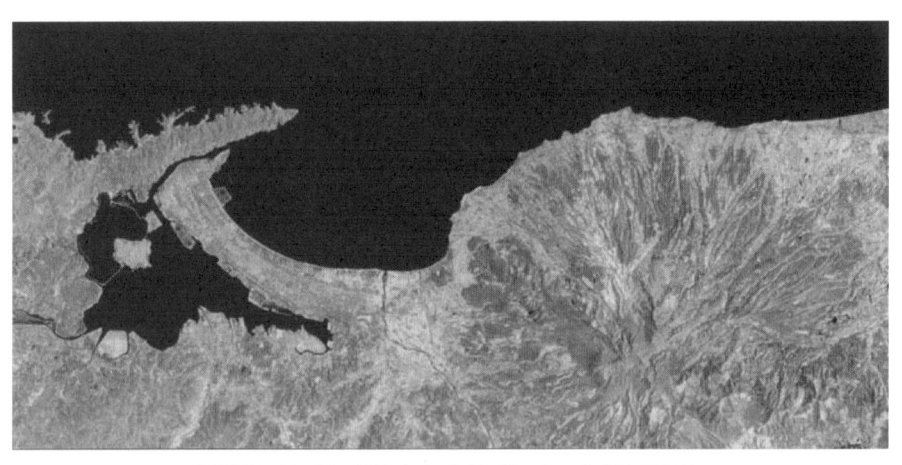

写真Ⅱ-48 弓ヶ浜と大山（インターネット HP 1992）

の野付崎や静岡の三保の松原などのように景勝地になっているね。
　これは北海道東部の冬の状況だけど（写真Ⅱ-46），沿岸流によって運ばれた砂が野付崎を形成している様子がよくわかるね。そしてこの砂嘴がさらに発達して，鳥取の弓ヶ浜（夜見ヶ浜）などのように，湾や入江を閉じるようになったものを砂州というんだ。弓ヶ浜は何列もの砂州からなっていて，色調から土地利用の違いがわかるよね（写真Ⅱ-47）。
グラ：ジオ，なぜこれだけの砂がたまって弓ヶ浜ができたの？
ジオ：大山の麓を流れる日野川が運んできた土砂が，沿岸流によって砂州を形成してきた

写真Ⅱ-49 天の橋立（浮田 1984）

んだ（写真Ⅱ-48）。『環境と人の旅』でもみたけど，1997年のアニメ「もののけ姫」の舞台の一つになったのが，この中国山地だったよね。中国山地では，タタラ製鉄によって山地の木が伐採されて土壌が侵食され，上流から流れ出た土砂が沿岸流によって弓ヶ浜の砂州をつくったんだ。だから，弓ヶ浜の砂州の砂には砂鉄が多く含まれているんだよ。

グフ：ジオ，これは京都の宮津の天の橋立でしょ（写真Ⅱ-49）。

ジオ：そう。長さ約3kmの砂州で，北から南に流れる沿岸流で砂州が形成されたんだ。旋回橋という90度回転する橋があって，船が往来するたびに動く。天の橋立では，砂防堤がつくられていて沿岸流の影響で砂州が侵食されるのを防いでいるけど，標高は数十cmしかなくて，将来海面が上昇するとこの天の橋立がなくなる可能性があるんだ。

グラ：……。

b．岩石海岸

ジオ：次に，岩石海岸は大きく三つあって，海食崖・海食洞と海食台，そして陸繋島（りくけいとう）（図Ⅱ-40）。まず，波浪や沿岸流の影響で形成された崖やドーム状のホラのことを海食崖や海食洞というんだ。

三陸海岸や若狭湾では海食崖や海食洞が形成されていて，景勝地や国立公園，国定公園になっている。これは福島の大熊町の海食崖だよ（写真Ⅱ-50）。

グラ：波の侵食によってえぐられてるね。

ジオ：また，海食崖の下に形成される浅い平坦面のことを海食台といって，神奈川の江の島でみられる。江の島では，海面下の平坦地が地震によって隆起しているんだ（写真Ⅱ-51）。島のなかの展望台の立つ地点が最高所で 60.4 m。島全体が江の島神社

写真Ⅱ-50　大熊町南部の海岸（山川 1984）

写真Ⅱ-51　江の島と片瀬海岸（伊倉編 1984）

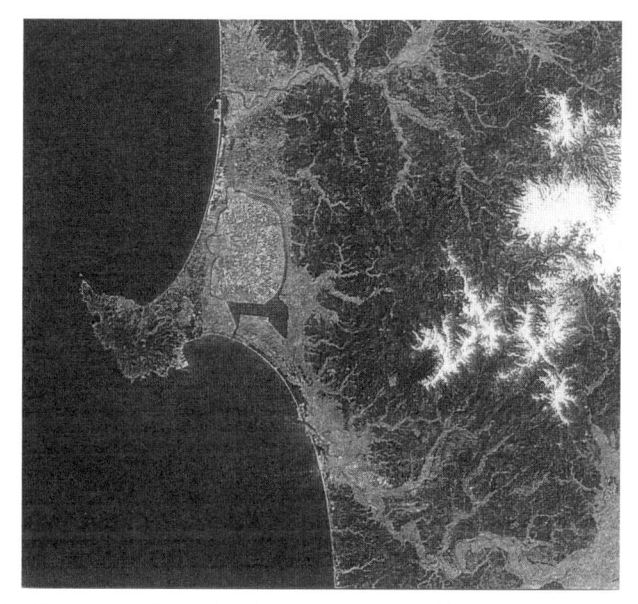

写真Ⅱ-52　男鹿半島 (1)（リモート・センシング技術センター編 1997）

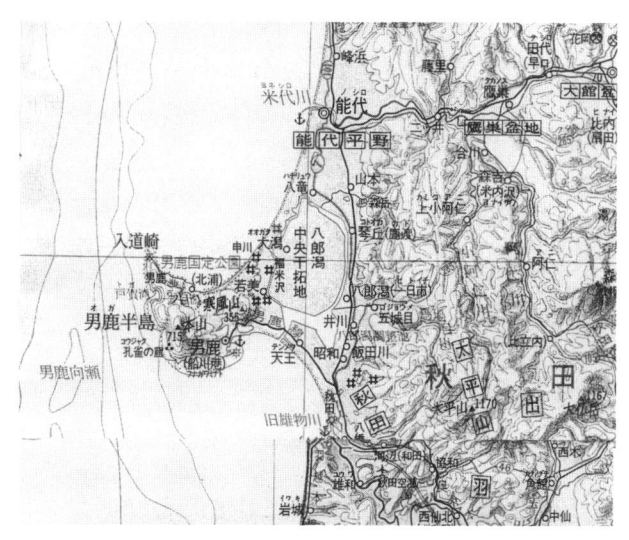

図Ⅱ-10　男鹿半島 (2)（二宮書店編集部 1995）

　　　の境内となっていて，北側には門前集落，右手は湘南港のヨットハーバーになっている。背後の七里ヶ浜は逗子や葉山の海水浴場で，点々としているのはパラソルだよ。
グラ：これじゃ，泳ぎじゃなくて海水につかりに行くようなものね。「イモを洗うような」という表現があるけど，まさにそういう状況ね。
ジオ：次に，陸繋島というのは沖合いの島がトンボロという陸繋砂州によって陸続きになったものなんだ。先ほどの江の島（写真Ⅱ-51）は手前の片瀬川が運んできた土砂によって陸続きとなって，そこに遊歩道と自動車専用の橋がかけられているんだ。秋田の男鹿半島も陸繋島の地形なんだよ（写真Ⅱ-52・図Ⅱ-49）。寒風山は釣り

108　第Ⅱ部　地　形

写真Ⅱ-53　函館山と陸繋砂州（羽田野 1984）

写真Ⅱ-54　海の中道と志賀島（野澤 1984）

　　　鐘状の火山で，本山とともにもともとは島だったんだ。南の雄物川と北の米代川の運んだ堆積物が，沿岸流によって砂州が形成されていった。その結果，陸つづきとなって陸繋島を形成して八郎潟ができたんだ。その八郎潟も干拓されて，今は大潟村という水田地帯になっている。
　　　グラフィー，北海道の函館には行ったことある？
グラ：うん。函館山からの夜景がきれいだよね。
ジオ：その函館山も以前は島だったんだ。
グラ：え？……。
ジオ：沿岸流によって土砂が運ばれ堆積して，陸続きになった陸繋砂州と陸繋島の地形なんだ（写真Ⅱ-53）。
　　　福岡の志賀島も陸繋島なんだよ（写真Ⅱ-54）。左が博多湾で中央が海の中道，右

が玄界灘で，奥の島が以前地震の被害にあった玄海島。この志賀島は，以前は福岡国際マラソンのコースだったけど，海の中道の横風が強いためにコースが変更されたんだ。

また，天明4年（1784年）に「漢倭奴国王印(かんのわのなの)」と印された金印が，この志賀島から出土したとされている。これは，西暦57年に後漢の光武帝が奴の国王に贈ったとされるもので，百姓だった甚兵衛さんによって発見されたといわれている。

グラ：そう……。

c．離水海岸

ジオ：次に離水海岸だけど，これには二つあって海岸平野と海岸段丘。海岸平野については前にふれたよね。海岸段丘だけど，この形成要因は二つあって，一つは海面下の海食台が陸地の隆起や海面の低下によって離水したもので，海岸段丘の多くはこれなんだ。

グラ：もう一つは？

ジオ：海岸平野の前面が海食つまり波による侵食を受けて，崖が形成され台地となった海岸段丘なんだ。先ほどの江ノ島は，海岸段丘であり，海食崖，海食台，そして陸繋島という海岸地形でもあるんだ。

また，これは新潟の佐渡島の海岸段丘で3面の段丘面がある（写真Ⅱ-55）。

グラ：以前の海岸線がよくわかるわね。

ジオ：日本海で地震のたびに隆起して，こうして段丘が形成されたんだ。高知の室戸岬（写真Ⅱ-56）や足摺岬（写真Ⅱ-57）では，南海トラフで地震のたびに隆起して段丘化している。

写真Ⅱ-55　佐渡・尖閣湾（鈴木1984）

110　第Ⅱ部　地　形

写真Ⅱ-56　室戸岬（大脇 1984）

写真Ⅱ-57　足摺岬（大西・大脇 1984）

写真Ⅱ-58 四国（写真化学 1997b）

　　以前バイクで四国一周をしたことがあるんだ（写真Ⅱ-58）。
グラ：どうして？
ジオ：目的はメジアンライン（中央構造線）と足摺岬，四万十川，室戸岬，そして徳島の阿波踊り。
グラ：……。
ジオ：田宮虎彦の小説に『足摺岬』があるよね。ある学生が足摺岬に死に場所を求めてやってきたけど，宿の女将やお遍路たちに救われるというもので，この足摺岬は，生涯を歩きくたびれたお遍路たちが崖から身を投げる所としても知られているんだ（写真Ⅱ-57）。
グラ：足摺岬って変な地名ね。
ジオ：この足摺岬は四国巡礼の一つで，ここには弘法大師である空海が開創したとされる金剛福寺があるんだ。ここは，88ヶ所をめぐる四国霊場のうち，第38番目の札所にあたる。
　　この足摺岬の地名の由来は二説あるんだ。一つは，37番札所の窪川（中村市の北

東約30km）から約26里つまり100km以上を3日〜4日かけて足摺岬まで歩いてくる。足には血豆ができて，足を引き摺りながら歩いて，ようやくたどり着いた所がこの岬。

グラ：ということで足摺岬といったの？
ジオ：そう。

◆『とはずがたり』と足摺岬

ジオ：もう一つは，鎌倉時代の後深草二条の日記に『とはずがたり』（全5巻）というのがあって，このうち1巻〜3巻は体験的報告「わが恋の記録」。実はこっちの方が面白い。
グラ：……。
ジオ：彼女は，32歳で出家して西行法師の後を慕って四国の旅をするんだ。後に「女西行」とよばれる。『とはずがたり』5巻のうち，4巻と5巻がこの旅日記で，そのなかに「泣く泣く足摺をしたりけるより足摺の岬といふなり」とあるんだ。
グラ：なぜ泣く泣く足摺をしたの？
ジオ：その岬にはお堂が一つあって，一人の僧（坊主）がここで修行をして住んでいて，小法師を一人使っていたんだ。ある時，もう一人の小法師がやって来た。先の小法師は慈悲深く自分の食事を分けて食べさせたんだ。その翌朝の食事の時にまたその小法師がやって来た。先の小法師は「これが最後だよ」といって，また自分の食事を分けて食べさせたんだ。その小法師は，「あなたのお情けを忘れない。それではわたしの住まいへおいでください」と誘ったんだ。坊主の僧は不審に思ってあとをついて行くとこの岬に着いた。二人の小法師は一艘の小舟に棹さして南に向かって行く。坊主は泣きながら，「私を見捨ててどこへ行くのか」という。小法師は「補陀落世界へ参ります」と答えたんだ。みると，二人は二体の菩薩となって，船のともと舳先に立っている。坊主はつらく悲しくて足摺をしたことから，足摺岬というんだ。

写真Ⅱ-59　足摺の跡の残る岩

グラ：補陀落世界って？
ジオ：インドの南海岸のことで，当時の日本人の世界観は日本と唐と天竺（インド）だったんだ。二人の小法師は，はるかな海と空の接点に浄土を求めて，天竺に向けて船をこぎだしたんだね。
グラ：……。
ジオ：その時に足摺をした跡が岩に残っているというんだ。
グラ：それで，あったの？
ジオ：ありました……。
　　　足跡が（写真Ⅱ-59）。
　　　ところで，この足跡の位置に立って横をみると，「一寸まて」という立て札があったんだ（写真Ⅱ-60）。「はやまるな」という身投げを制する立て札だけど，この立て札は今はもうないらしい。約80 mの断崖（写真Ⅱ-57）。ここに立ってみると，海と空の青さに吸い込まれそうになる。水平線のかなたに浄土がみえるのか，ここから身を投じる人がいるんだ。
グラ：……。

写真Ⅱ-60　立て札と灯台（中日新聞社 1993）

d．沈水海岸

ジオ：次に，海面が上昇したり，陸地が沈降してできた海岸を沈水海岸というんだ（図Ⅱ-50）。0の山地と谷の地形が，その後の陸の沈降や海面上昇により，1のように沈水してしまう。その後に沈水や離水がないと，2のように海食や堆積が進行して，3_1のように三角州や砂浜海岸ができるし，海面が低下したり陸地が上昇すると3_2のように浅海底が陸化して海岸段丘ができるんだ。
グラ：この沈水海岸の代表例がリアス海岸ね。
ジオ：そう。これは海岸近くの山地の縁辺部が沈降したり，あるいは海面の上昇によって沈水して，鋸歯状の海岸線ができる。
　　　この「リアス」という地形用語は，スペイン北西部のガリシア地方のフィールドネームからきていて（図Ⅱ-51），スペイン語で入江のことをRiaとよぶんだ。日本では，三陸海岸や三重の英虞湾，高知の横浪海岸，長崎の対馬の浅芽湾などでみられる地形だね。
　　　三重の志摩半島では，周辺は隆起して海岸段丘を形成しているけど，英虞湾の湾央

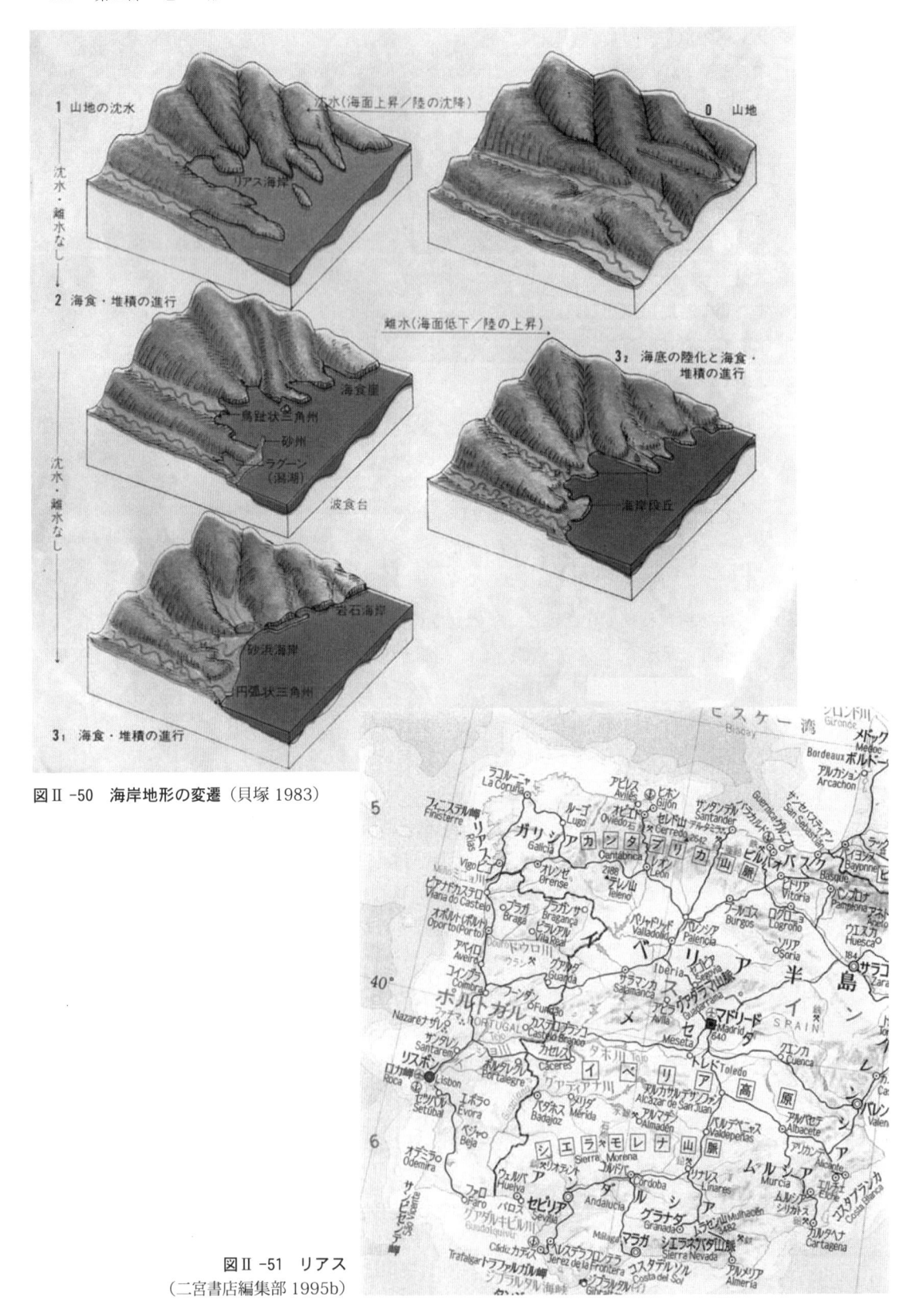

図Ⅱ-50　海岸地形の変遷（貝塚 1983）

図Ⅱ-51　リアス
（二宮書店編集部 1995b）

図Ⅱ-52　志摩半島（参謀本部陸軍部測量局 1889）

写真Ⅱ-61　リアス海岸（インターネット HP 2002）

部は沈降するというブロック運動を起こしていて，リアス海岸となっているんだ（図Ⅱ-52）。
グラ：まさに鋸の刃のような入り組んだ海岸線ね（写真Ⅱ-61）。
ジオ：以前の谷部に海水が入って水没し，丘陵地の尾根は顔を出して，真珠や海苔の養殖

写真Ⅱ-62　英虞湾（石水・伊藤 1984）

写真Ⅱ-63　横浪海岸（大脇 1984）

に利用されている（写真Ⅱ-62）。中央奥が賢島だよ。

また，高知では室戸岬や足摺岬，高知平野が隆起しているけど，土佐湾の湾央部の西部が沈降していて，これもブロック運動なんだ（写真Ⅱ-58）。

ここに横浪海岸とよばれる沈水海岸がある（写真Ⅱ-63）。四国一周をした時にバ

写真Ⅱ-64　浅茅湾（全日空株式会社 2004）

イクでここを通ったけど，海岸に沿って黒潮ラインとよばれる有料道路で，岬と入り江が繰り返す景勝地になっている。

ジオ：これは，長崎にある浅茅湾で（写真Ⅱ-64），これも沈水海岸。
グラ：英虞湾や横浪海岸と違って，やわらかい海岸線になっているわね。
ジオ：次に，エスチュアリーという三角江についてだけど，これは河川の河口部が沈降したり，海面が上昇して谷が沈水して，ラッパ状の河口となったものなんだ。水深が深いので天然の良港となって，港町ができる。そしてそれが都市に発展している場合が多いね。
　世界の代表的なエスチュアリーとそこに発展した都市をみると，北海沿岸では，エルベ川のハンブルク，テムズ川のロンドン，セーヌ川のルアーブル，ガロンヌ川のボルドー，北米ではセントローレンス川のケベック，南米ではラプラタ川のブエノスアイレスなどがあるんだ。

e．中性海岸

ジオ：次に中性海岸についてみてみよう。

グラ：中性海岸？

ジオ：聞き慣れない言葉だけど，適当な用語がなくて。これは陸地や海面などの基準面の変化以外の要因で形成された海岸のことをいうんだ。

　　　まずフィヨルド。これは，氷食谷といって，氷河によって侵食されてローマ字のUの字の形をした谷ができる。そこに海水が侵入した入り江のことで，これも水深が深いので天然の良港になるんだ。

　　　その代表例がノルウェーのソグネフィヨルドで（写真Ⅱ-65），奥行が120～180km，深さが1000mという世界一の規模を誇っている。グラフィー，写真をよくみてごらん。黒いポチが船だから，氷河が削った地形の規模がわかるよね。

　　　また，これはノールフィヨルド（写真Ⅱ-66）。グラフィー，同じ方向のラインがあるのがわかる？

グラ：うん。

ジオ：これは擦痕という氷河が削った跡で，この擦痕で氷河の流れた方向がわかるんだ。

ジオ：次に断層海岸。これは断層崖が海岸線となっているもので，日本では福井の敦賀湾や新潟の親不知などでみられる地形だね（写真Ⅱ-6）。

グラ：どちらも直線状の海岸になってるね。

写真Ⅱ-65　ソグネフィヨルド（式 1984）

写真Ⅱ-66 ノールフィヨルド（式 1984）

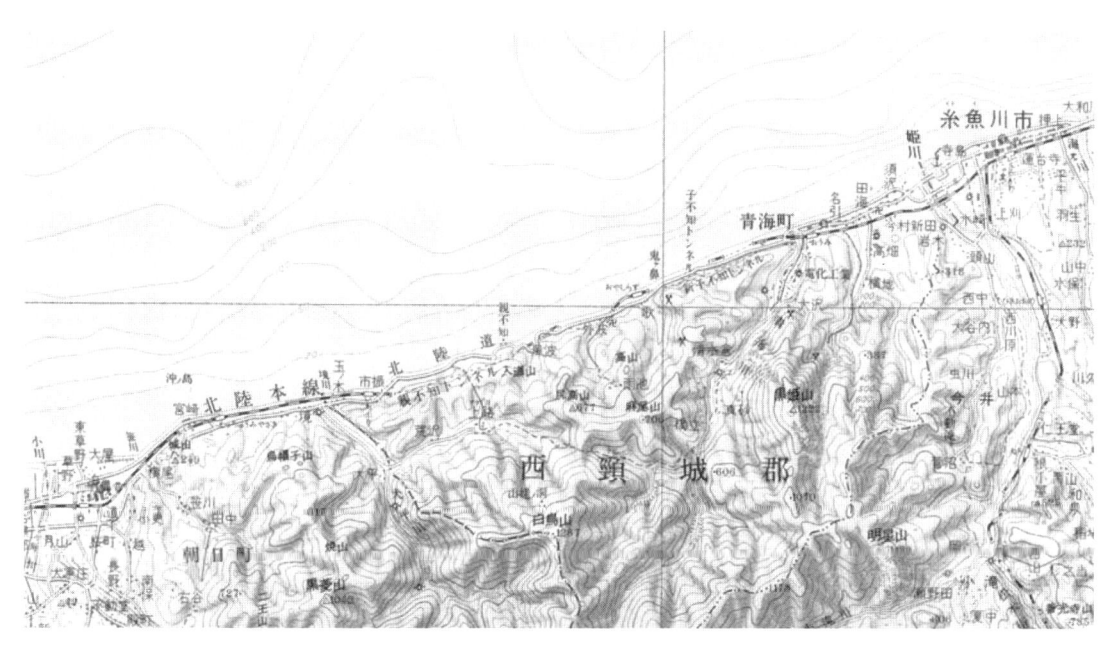

図Ⅱ-53 親不知（国土地理院 1979）

ジオ：飛騨山脈が直接日本海に突っ込むような状態で，富山の泊から新潟の糸魚川まで低地がほとんどないために，鉄道や道路もトンネル内を通っていることが多いんだ（図Ⅱ-53）。

グラ：JR北陸本線のトンネルは，親不知トンネル，子不知トンネル，新子不知トンネ

写真Ⅱ-67　親不知（インターネット HP 2008）

ルになってるね。

◆ 親不知と池の大納言

グラ：ジオ，なぜ親が知らないという地名なの？

ジオ：この親不知の地名の由来も諸説あるんだ。一つは，文治元年（1185年）に平清盛の異母の弟に，池の大納言頼盛という人がいて，彼は東北に転任になるんだ。妻が，のちに頼盛の任地先の東北に向かう際に，この急な崖にさしかかった。ところが，荒浪に愛児（乳飲み子）をさらわれてしまって，悲嘆にくれて詠んだ歌が，「親知らず　子はこの浦の波枕　越路の磯の　あわと消えゆく」。親は頼盛のこと。波枕は旅寝をする，つまり死んでしまうという意味。越路は北陸道のことだね。つまり，ここで子供が死んだことを，親は知らないんだと嘆き悲しんだ歌なんだ。

グラ：……。

ジオ：もう一つの説は，北陸道最大の難所で（写真Ⅱ-67），断崖絶壁と荒波が旅人の行く手を阻み，ここを通る時には親は子を子は親を顧みるいとまがなかったことから，親不知，さらには子不知という地名になったともいわれている。

グラ：いずれにしても，幅わずか数mの海岸で，大変な交通の難所だったのね。

ジオ：ここは昔から東西文化の要衝として，重要な位置を占めていたんだけど，ほかに迂回路がなかったんだ。

ジオ：次に，火山性の海岸だけど，これは火山の噴出物が直接海岸を形成したもので，前に述べたよね。
　　　さらに，珊瑚礁(さんごしょう)海岸（図Ⅱ-54）。これはサンゴ虫などの死骸が集積してできた石灰岩の岩礁の地形のことなんだ。
　　　サンゴ虫は水温が20度以上のところでないと生息できなくて，最適の水温は25

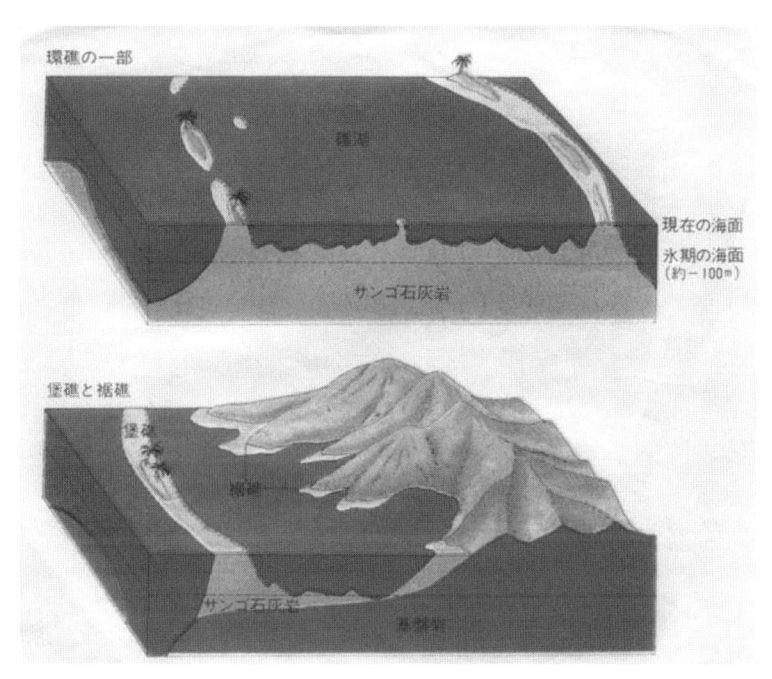

図Ⅱ-54 サンゴ礁の地形と構成（岩田 1983）

写真Ⅱ-68 裾礁（米倉 1985）

度～29度。しかも，水深が 50 m よりも浅いところで，塩分濃度が 3.4％～3.5％のところを生息条件としているんだ。

グラ：だから，珊瑚礁は熱帯から亜熱帯，暖温帯の地域に形成されているのね。

ジオ：珊瑚礁海岸の種類は三つあって，裾礁と堡礁と環礁（図Ⅱ-54）。裾礁は島や陸地

写真Ⅱ-69　堡礁（米倉 1985）

　　のすそやふもとに接して発達している（写真Ⅱ-68）。堡礁は島の沖合に珊瑚の高まりを形成して（写真Ⅱ-69），島を取り巻いたり，陸地に沿って発達する堤状の地形のことなんだ。オーストラリアには，グレートバリアリーフといって，ブリズベンの北からニューギニアにかけて大堡礁が分布している（図Ⅱ-55）。
グラ：ケアンズは日本からの観光客が多い都市としても有名よね。
ジオ：それから，環礁は島などが海底に没して，環状に発達したものなんだ（写真Ⅱ-70）。1995年の9月6日にフランス領ポリネシアのムルロア環礁（南緯20度）

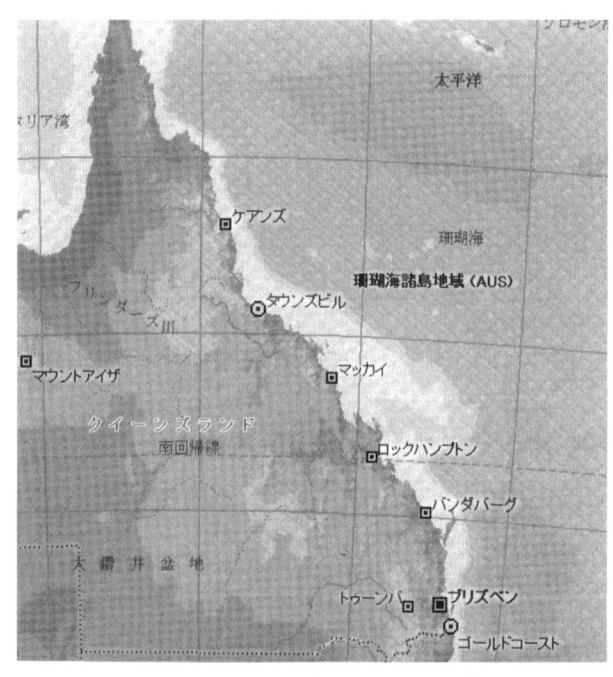

図Ⅱ-55　グレートバリアリーフ（マイクロソフト 2001）

写真Ⅱ-70　環礁（米倉 1985）

　　　で核実験を実施したけど，この実験で周りの珊瑚が死滅してしまったんだ。
グラ：……。
　　　ジオ，こういった珊瑚礁の地形はどのようにしてできたの？
ジオ：瑚礁海岸の形成過程は二説あるんだ。一つはダーウィンの考えで，彼はビーグル号で世界を周航したけど，1835年〜36年にかけて南太平洋からインド洋を横断して，その際に考えついたといわれている。
　　　それは，火山島の沈降にともなって，裾礁の若いサンゴ礁から堡礁，そして古いサンゴ礁の環礁の順にできるというものなんだ（図Ⅱ-54 下）。これは，プレートテクトニクス理論でも説明できるんだ。グラフィー，ハワイ諸島の形成を思い出してごらん。
グラ：え？……。
ジオ：ホットスポットの上をプレートが移動したり，海嶺がマグマの温度で膨張して島を形成する。その後海洋プレートの水平移動で島は徐々に冷却されて縮小し，それにともなって島が沈降してゆく。この時，島の沈降速度よりもサンゴ礁の成長が早い場合に裾礁→堡礁→環礁の順にできてゆくというものなんだ。
グラ：二つ目の説は？
ジオ：2万年前以降の海水準の上昇にともなって，サンゴの石灰岩が拡大したとするもの（図Ⅱ-54 上）。ただ，裾礁の形成についてはこれで説明できるけど，堡礁や環礁の形成については難しいね。

6. 氷河地形

ジオ：世界の気候は，地球の長い歴史のなかで必ずしも一定ではなくて，絶えず寒暖を繰り返してきたんだ。新しいところでは，今から13万年前～12万年前と6000年前に温暖期があって，2万年前～1万8000年前を中心に寒い時期があった。これを氷河期というんだ。

この氷河時代の存在を初めて主張したのは，プレイフェア（J. Playfair）というイギリスのエディンバラ大学の教授で1815年のこと。彼は，物理学者であり自然哲学者でもあったんだ。

そして，こうした氷河時代という寒冷な時代の存在が一般の人びとに知られるようになったのは，19世紀末。

グラ：それまでは？

ジオ：地球上の温度は常に一定であったと考えられていたんだね。この氷河期は，更新世という今から約200万年前～1万年前に五つあって，これはドイツの川の名前，つまりフィールドネームをとって，それぞれドナウ，ギュンツ，ミンデル，リス，ウルム（ヴュルム）氷期とつけられているんだ。

また，氷河には地球の大半を占める山地氷河と南極に代表されるような大陸氷河（氷床）とがあるんだ。

グラ：大陸氷河って？

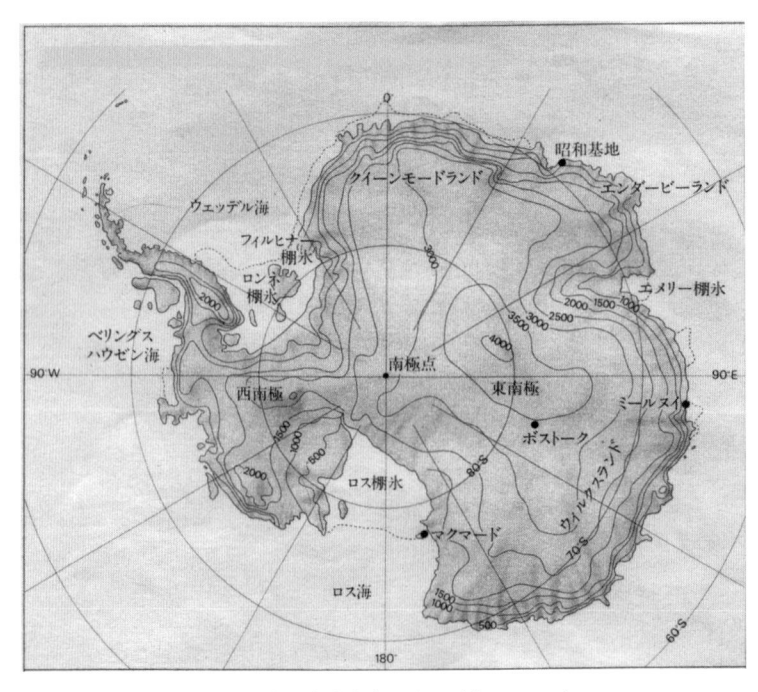

図Ⅱ-56　南極大陸氷床の地形（吉田 1983）

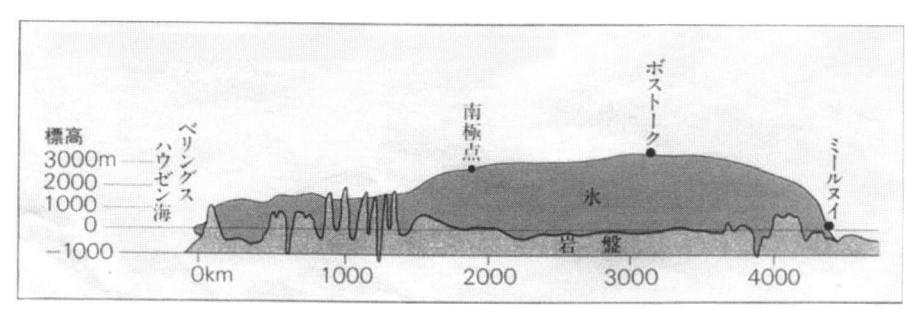

図Ⅱ-57　南極大陸断面図（吉田 1983）

ジオ：南極は，全体としては台地状の大陸で，南極点を中心に北東に昭和基地，南東にボストーク基地，南にマクマード基地がある。標高をみると東南極付近が一番高くて4000 m（図Ⅱ-56）。

グラ：南極は富士山よりも高い氷の大陸なのね。

ジオ：ところが，東西の断面をとってみると（図Ⅱ-57），1000 m～4000 mある南極大陸の大半は氷で，岩盤のほとんどは0 m以下なんだ。これは，アイソスタシーといって氷の重さで地盤が沈降しているからなんだ。グリーンランドの内陸部も氷の重さで地表面は海面下300 mまで沈降しているんだよ。

グラ：……。

ジオ：次に，氷河地形のいくつかをみてゆくと，まずカール（圏谷）。これは高い山の谷頭部の近くにみられる馬蹄形，つまり馬のひづめのような形をした窪地だね。従来，日本には氷河は存在しなかったといわれてきたけど，飛騨山脈の槍ヶ岳の涸沢というところでカールの存在が確認されて以来，日本各地で氷河地形がみられるようになったんだ。

これは長野と岐阜の県境にある槍ヶ岳で（写真Ⅱ-71），イギリスの宣教師だったウェストン（W.Weston）によって「日本のマッターホルン」とよばれて，3180 mのピークとなっている。そのピーク

写真Ⅱ-71　槍ヶ岳（市川・高橋編 1984）

写真Ⅱ-72　U字谷（山本ほか 1995）

　　　の下に涸沢のカールがあるんだ。
グラ：アイスクリームをスプーンですくったような形ね。
ジオ：……。

ジオ：次に懸谷だけど，これは氷河の支流が本流と交わるところに形成された落差の大きい谷なんだ。フィヨルドは，氷河の侵食によってできた谷に海水が進入してできた入り江のことだったよね。こうした入り江に注ぐ谷があって，いくつかの窪みがみられるけど，これが懸谷なんだ（写真Ⅱ-65）。
　　　U字谷は氷河の移動によってできたローマ字のUの字の形をした氷食谷で（写真Ⅱ-72），フィヨルドの谷底はUの形をしているんだ。
　　　また，氷河が運んできた岩や砂礫などが堆積した丘のことをモレーンや堆石，終堆石丘というんだ（図Ⅱ-58）。
グラ：ブルドーザーで土砂を運んだ後の高まりのような形をしているね。
ジオ：うん。ヨーロッパでは，約2万年前に北緯50度付近まで，北米では40度付近ま

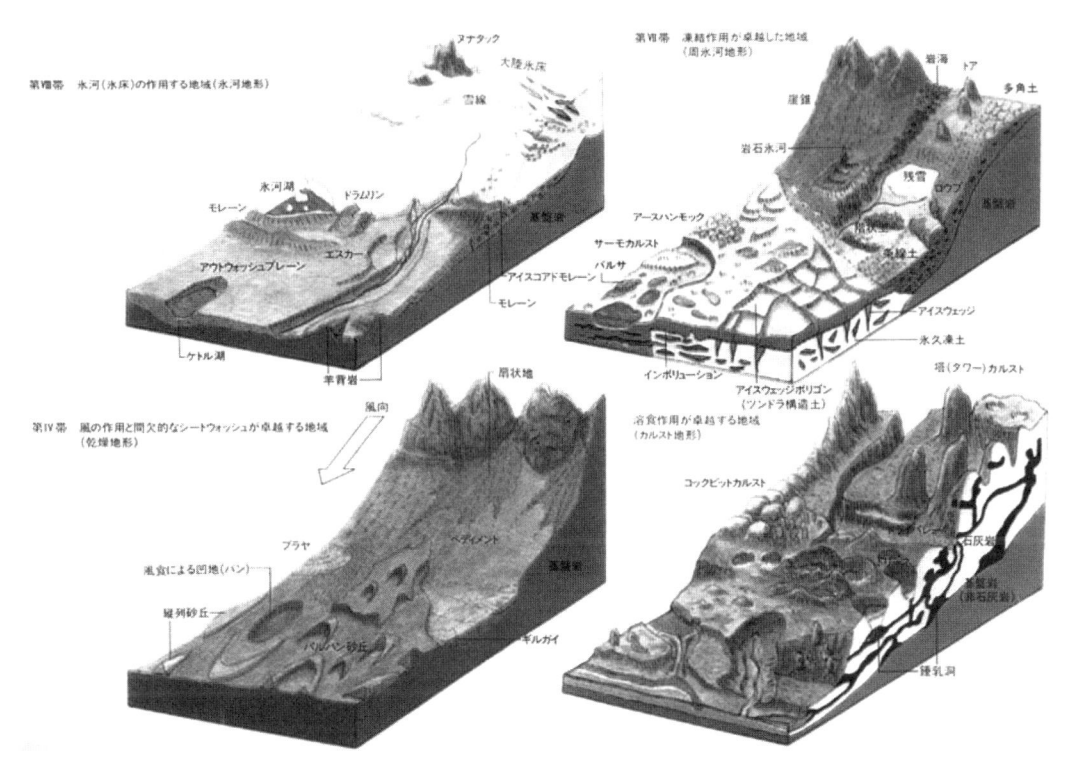

図Ⅱ-58　代表的な気候地形（岩田 1983）

で氷河が前進していて，そこには緩やかな起伏をもつモレーンの跡が残っている。次に，氷河湖で種類は二つ。一つは氷河によって侵食された後の凹地に水がたまったもので，五大湖がその例。もう一つはこのモレーンによる堰止め湖となっている。

◆ 氷河期はおとずれるの？

ジオ：ところで，地球温暖化とよくいわれるけど，本来なら地球は間氷期を過ぎて寒冷化してゆくんだ。

グラ：なぜ地球は寒くなるの？

ジオ：地球の寒暖の繰り返し，つまり氷河期と間氷期とよばれる温暖期の繰り返しというのは，地球の公転軌道の変化によっていて，これは円から楕円，楕円から円に10万年周期でやってくるんだ。

それと地球の自転軸，つまり地軸の変化。地球は今23.4度傾いているけど，この地軸の変化が4万年周期で大きくなったり小さくなったりして，こうした地球の公転軌道と地軸の変化が，地球の寒冷化や温暖化と密接に関係しているんだ。

グラ：この地球の公転と自転の組み合わせによって，地球は寒冷期や温暖期になるのね。

ジオ：でも，『環境と人の旅』でみたように，21世紀の地球は限りなく温暖化していく。

グラ：……。

7. 乾燥地形

a．砂漠と砂漠の分布

グラ：ジオ，地球の衛星写真をみてみると（写真Ⅱ-73），白くなっているところがあるよね。

ジオ：乾燥気候のところで，ステップや砂漠地帯になっているんだ。

グラ：こうした砂漠はどのようにして形成されるの？

ジオ：昼と夜の気温の差を日較差というけど，この日較差の変化の繰り返しによって，岩石が膨張と収縮を繰り返して，岩石に亀裂が生じる。これを風化作用というんだ。そして，それが細かくなって岩屑，つまり岩や礫，さらには砂となって，これが風の影響によって砂丘や砂漠となる。これを風食作用というんだ。

こうした世界の砂漠の分布は，前線帯の季節的な移動と大いに関係していて，前線帯の到来がないためにできる乾燥地や偏西風の風下による乾燥地などがあるんだ（図Ⅱ-59）。

グラ：世界には随分多くの砂漠があるのね。

ジオ：世界の砂漠の分布をみると，大きく二つの地域に分かれるんだ（図Ⅱ-60）。一つは北回帰線と南回帰線付近に分布するもので，サハラ砂漠に代表されるような中緯度高圧帯の周辺。南半球では，カラハリ砂漠やオーストラリアの砂漠がこれにあた

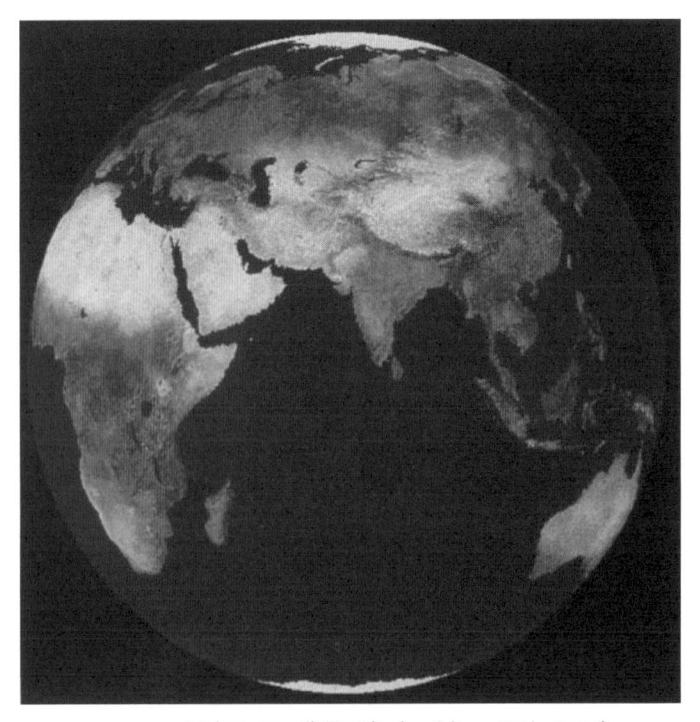

写真Ⅱ-73　衛星写真（マイクロソフト 2001）

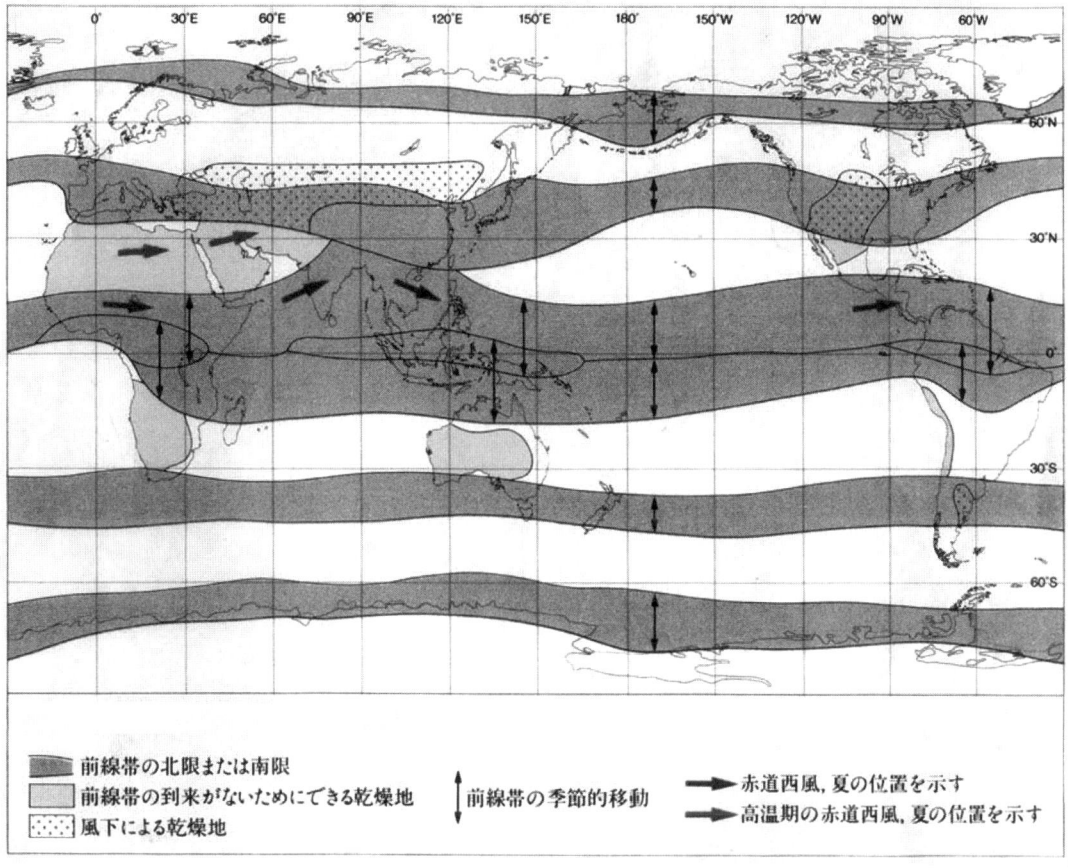

図Ⅱ-59 前線帯と大乾燥地帯（福岡 1985）

凡例:
- 前線帯の北限または南限
- 前線帯の到来がないためにできる乾燥地
- 風下による乾燥地
- ↕ 前線帯の季節的移動
- → 赤道西風，夏の位置を示す
- ⇒ 高温期の赤道西風，夏の位置を示す

```
                    キジルクーム     (ウズベキスタン)           ブラックロック
                カラクーム(トルクメニスタン)                グレートソルトレイク(ネバダ州)
                      タクラマカン   ゴビ              モハーベ(カリフォルニア)
                        (タリム盆地)

                    シリア  カビル(イラン)                   ヒラ(アリゾナ州)
                リビア ネフド ルト      タール               ソノラ
                      (サウジ)(イラン) (インド)             (アリゾナ～メキシコ)
北回帰線 ------------------------------------------------------------
            サハラ アラビア ルブアルハリ(サウジ)
                    ヌビア(エジプト)
赤道 ─────────────────────────────────────────
                                                          ナスカ(ペルー南部)
              ナ             グレートサンデー      ア
南回帰線 ミ--カラハリ------------ ギブソン -------------タ-----
              ブ  (ボツワナ)         シンプソン       カ
            (ナミビア)         グレートビクトリア       マ
                                                      (チリ)
```

図Ⅱ-60 世界の砂漠の分布

写真Ⅱ-74　タクラマカン砂漠（山本ほか 1992）

る。それから，北半球の北緯40度付近に分布するもので，中緯度高圧帯から吹く偏西風の風下による乾燥地や内陸盆地で，タクラマカン砂漠やゴビ砂漠などだね。また，海岸砂漠としては，チリのアタカマ砂漠やナミビアのナミブ砂漠などがあるんだ。

グラ：海岸砂漠って？

ジオ：その形成要因は二つあるんだ。一つは中緯度高圧帯にあって，沖合を寒流が流れる場合。アタカマ砂漠の沖合いでは，ペルー海流（フンボルト海流）が赤道に向かって流れている。アフリカのナミブ砂漠の沖合いでは，ベンゲラ海流が北流している。二つ目の要因は，中緯度高圧帯から吹く偏西風によって乾燥地となる場合。寒流のために海水温度が低くて蒸発量が押さえられて，雨雲ができないんだ。だから，海岸であっても温度が低くて乾燥してしまう。

b．砂漠の種類

ジオ：次に，砂漠の種類についてみてみよう。なお，砂漠の漠の意味だけど，「さんずい」に「莫」，ぼくは「ない」という意味。

グラ：つまり「水のないところ」が砂漠という意味なのね。

ジオ：そう。ただ，砂漠といっても砂だけではないんだ。種類は大きく三つあって，岩石砂漠（ハマダ）と礫砂漠（レグ），砂砂漠（エルグ）に分けられる。実は世界の砂漠の大半は岩石砂漠なんだよ。

また，われわれが一般的に理解しているのが，砂砂漠だね。これを中央アジアではクームという。ウズベキスタンとトルクメニスタンにキジルクームやカラクーム，タリム盆地にタクラマカンという砂砂漠がある。

タクラマカン砂漠（写真Ⅱ-74）は天山山脈と崑崙山脈に囲まれ，しかもこの地域は岩塩地帯になっているんだ。シルクロードの天山南路，あるいは西域北道という

写真Ⅱ-75　ソノラ砂漠とサワロサボテン（赤木 1983）

のは砂砂漠地帯で，アメリカのデスヴァレーと同じように横断することが難しかったんだ。

◆ ソノラ砂漠とサワロサボテン

ジオ：アリゾナ州からメキシコにかけて分布するのがソノラ砂漠。これはサワロサボテンといって，ソノラ砂漠のみに生育しているものなんだ（写真Ⅱ-75）。サワロは「柱」を意味して，高さは15mにも達するし，樹齢が200年を超えるものもあるんだ。

グラ：砂漠のように，蒸発量が多いところでは植物はどうやって生きるの？

ジオ：一つには，根を深くのばす。乾燥地域には深根性の植物が多くて，雨が降った時に一気に水分を吸収する。このサワロサボテンの重量の5分の4は水分なんだ。

グラ：……。

ジオ：インディアンはこの果実を食料としたり，枯れた幹を小屋づくりの材料にしている。グラフィー，よくみてごらん。サワロサボテンの幹はアコーデオンのじゃばら状になっていて，気温の違いによって伸縮するんだ。

グラ：つまり，体内の水分蒸発の調整をしているのね。

ジオ：さらに，サボテンのトゲはもとは葉っぱなんだ。植物の葉は蒸発散作用をする組織だけど，サボテンのトゲは植物内の水分の蒸発を防ぐために葉が変化したものなんだ。

グラ：トゲはもとは葉っぱ……。

ジオ：ところで，グラフィーの砂漠のイメージというのは？

グラ：「月の砂漠」という歌があるよね。
ジオ：七五調のリズミカルな詩だね。
グラ：「月の砂漠をはるばると，旅のらくだがゆきました。金と銀との鞍置いて，二つ並んでゆきました。先の鞍には王子様，後の鞍にはお姫様」という歌。
ジオ：……。
　　　でもねグラフィー，砂漠というのは実際はそんなロマンティックなもんじゃないよ。灼熱の炎天下で，風も強いんだ。
グラ：……。

c．その他の乾燥地形

ジオ：話を進めて，その他の乾燥地形をみてみようか。一つはワジ（Wadi）とよばれる涸れ川で（図Ⅱ-61 ④），アラビア語で「水のない川」という意味なんだ。
グラ：ペルーのナスカ砂漠にある地上絵の一部が，このワジのために消えかけているとか……。
ジオ：そうなんだ。それから，砂漠地帯で，オアシス集落を転々と移動して商売をするキャラバンは，このワジを利用して移動することがあって，ワジは日陰になることもあるし，風の通り道になることもあるんだ。夜になると，ここでテントを張って宿泊することがある。ところが，上流域で雨が降ると，洪水が一時的にこのワジを流れるために，夜営をしていたキャラバン隊が生き埋めになることもあるんだ。
グラ：……。

ジオ：次に，外来河川。
グラ：外国から流れて来る川？
ジオ：そうじゃない。定義は二つあって，一つは水源が湿潤地域にあって，河口が乾燥

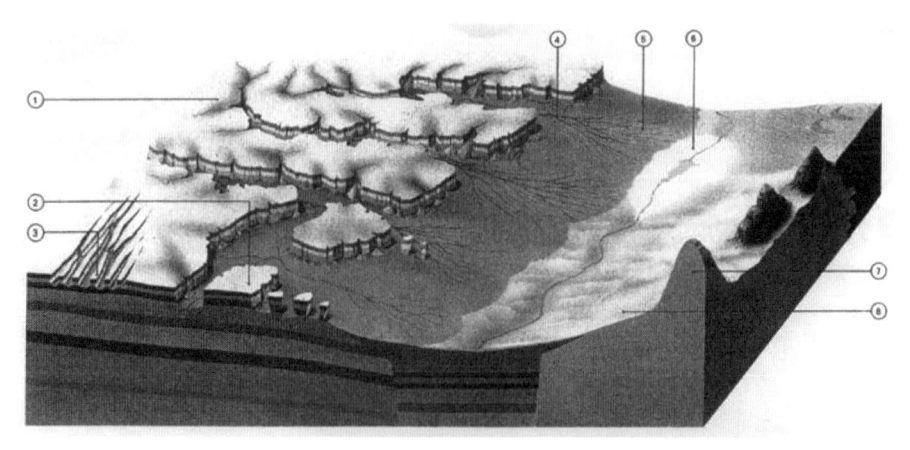

図Ⅱ-61　全体的な砂漠の様相の特徴（大百科編集委員会編 1995）

地域にある川。もう一つは，湿潤地域に源を発して乾燥地域を流下して，河口が湿潤地域となる川。いずれにしても，乾燥地域を貫流する川が外来河川で，ナイル川やニジェール川がその代表例だね。

ナイル川の水源は二つあって，西のビクトリア湖（白ナイル）と東のタナ湖（青ナイル）（図Ⅱ-62）。ビクトリア湖周辺は赤道直下で，サバナ（Ａｗ）という熱帯気候にあたる。一方，タナ湖周辺は温帯で，冬は乾燥して夏は湿潤な気候（Ｃｗ）になっているんだ。

グラ：両河川の合流点は？

ジオ：スーダンの首都のハルツーム。南部のゲジラ地区は綿花の栽培地帯で，ナイル川の灌漑水利を利用して発展した地域なんだ。ナイル川は乾燥地帯のヌビア砂漠を流下して地中海に注ぐけど，河口は温帯の地中海性気候になっている。

グラ：ナイル川って世界最長の川だったよね。

ジオ：約6700kmで，日本でいうと北海道の宗谷岬から鹿児島の佐多岬までが約1900kmだから，実に日本の約3倍半の長さになる。

グラ：ナイル川の上流で降った雨は，約1カ月後に河口にたどりつくんだったよね。

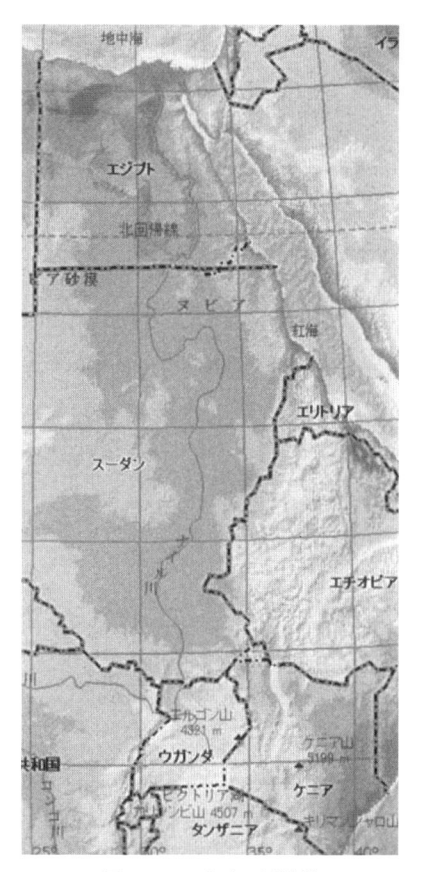

図Ⅱ-62 ナイル川流域
（マイクロソフト 2001）

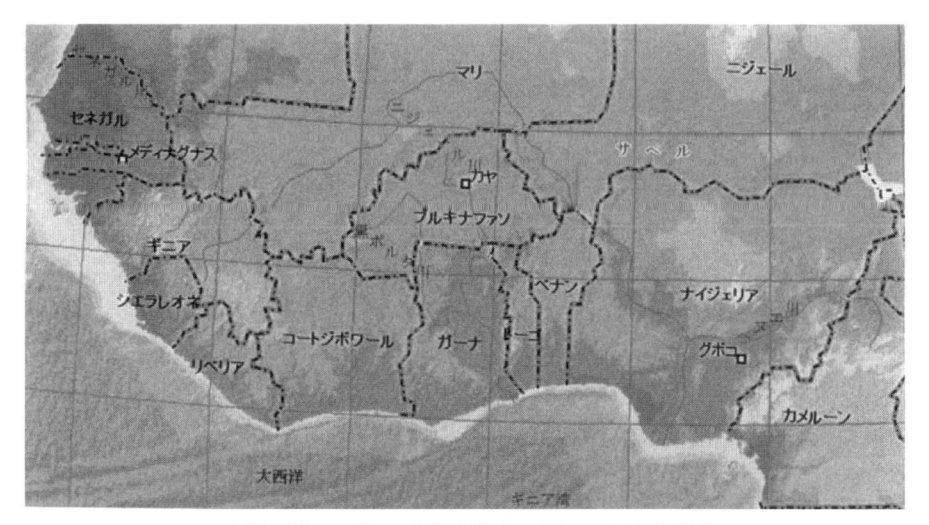

図Ⅱ-63 ニジェール川流域（マイクロソフト 2001）

134　第Ⅱ部　地　形

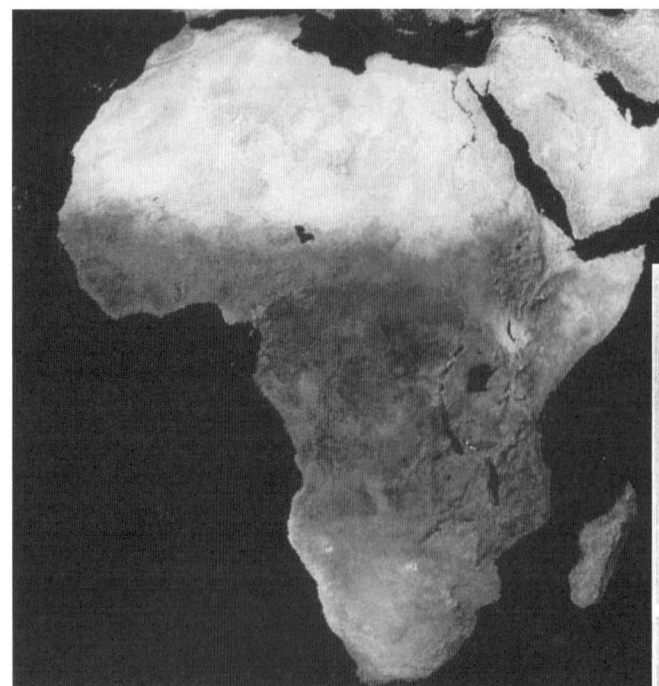

写真Ⅱ-76　アフリカ
（マイクロソフト 2001）

ジオ：そう。次に，ニジェール川の水源はロマ山地でサバナ気候。そこからステップ気候（BS），砂漠気候（BW），さらにステップ，サバナの各気候帯を流下して，河口のギニア湾岸地域はモンスーン気候（Am）にあたるんだ（図Ⅱ-63）。

グラ：つまり，ナイル川もニジェール川も，乾燥地域を流下している外来河川なのね。

ジオ：次に，地下水の湧水地のことをオアシスといって，この湧水地帯に分布する集落がオアシス集落なんだ。これは砂漠のなかのエクメーネといって，ドイツ語で居住地域のこと。

グラ：人びとは，地下水の湧き出る所に集中して，集落を形成しているのね。

ジオ：また，乾燥地の土壌はアルカリ性で，しかも降水量よりも蒸発量の方が盛

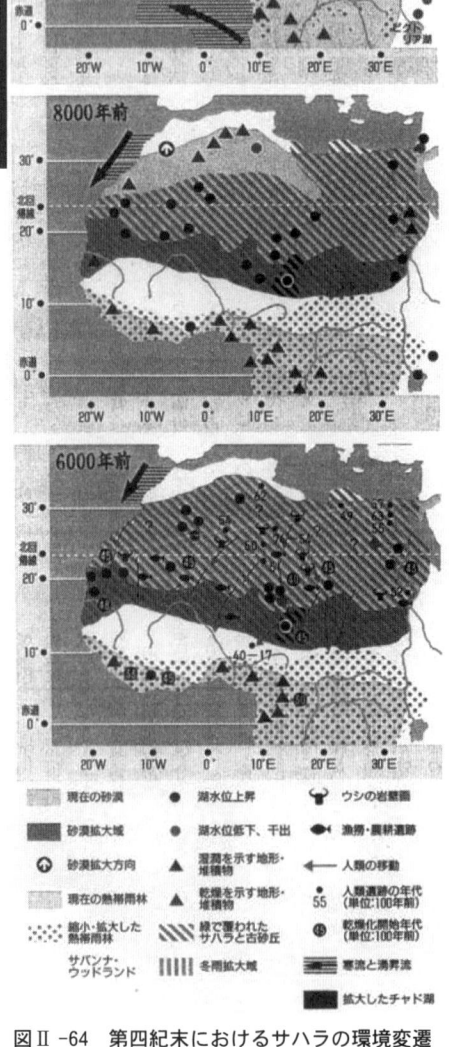

図Ⅱ-64　第四紀末におけるサハラの環境変遷
（門村 1995）

んなために塩湖ができる。つまり，塩分濃度の高い湖が形成されるんだ。死海やアメリカのグレートソルトレイクなどがそうだね。

ジオ：ところで，アフリカ大陸の3分の1の面積を占めているサハラ砂漠（写真Ⅱ-76）は，以前は森林に覆われていたことがわかっている。そして，これは大陸移動説によって説明されるんだ。アフリカ大陸が今の位置ではなかった約1億年前には，サハラは湿潤な気候だった。8000年前〜6000年前にも湿潤期があって，当時は森林の豊かな環境が広がっていた。そして，6000年前以降に砂漠が形成され拡大していったんだ。

これは，サハラの環境変遷をみたものだけど（図Ⅱ-64），●は湖水位の上昇を示している。8000年前に南極の氷河の拡大によって乾燥ベルトが北に上昇するとサハラは緑に覆われ，水をたたえた肥沃な大地だったんだ。

グラ：「緑のサハラ」の時代ね。

ジオ：そして，6000年前にはウシの岩壁画や漁撈遺跡，農耕遺跡が増加した。また，チャド湖は拡大して，当時はカスピ海や日本の面積と同じ約36万km^{2}の広さだったんだ。

◆ 縮小するチャド湖

ジオ：これは，1973年と86年のチャド湖を比較したものだけど（写真Ⅱ-77），その後の乾燥化とサハラの拡大にともなって，チャド湖は急速に縮小しているんだ。

グラ：ジオ，砂漠がどのように形成されるのか前に聞いたけど，ではなぜ砂漠が形成され

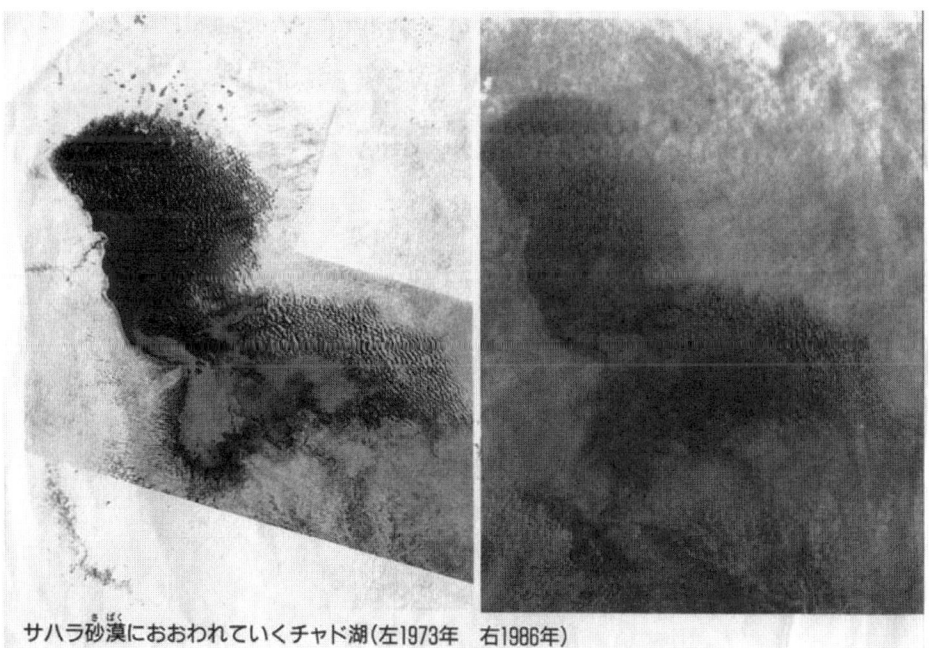

サハラ砂漠におおわれていくチャド湖（左1973年　右1986年）

写真Ⅱ-77　チャド湖（石井・奥田監 1995）

るの？
ジオ：大気の循環の変化と砂漠の形成との関係に注目してみようか。乾燥ベルトとよばれる中緯度高圧帯が移動すると，気候が変化する。特に降水量と風の向きが変わることで，砂漠が形成されるんだ。そして，以前湿潤な気候であったサハラが砂漠地帯となり，こうした砂漠の拡大によってチャド湖が縮小しているんだ。
グラ：なるほど。

8. カルスト地形

グラ：ジオ，カルストって何？

ジオ：これは石灰岩地域の溶食地形のことで，カルストという用語は旧ユーゴスラビア北西部のカルスト（クラス）地方のフィールドネームなんだ（図Ⅱ-65）。

グラ：旧ユーゴは現在六つの共和国に分離独立していて，さらにコソボ自治州が独立を宣言したよね。

ジオ：そう。そのうち，スロベニア共和国の西部のジナルアルプス一帯には石灰岩地域が広く分布していて，カルスト地形が発達しているんだ。

◆ 雨水は石灰岩をも溶かす

ジオ：石灰岩は真水には反応しないけど，炭酸ガス（CO_2）を含んだ雨水が石灰岩を溶かしてゆくんだ。そして炭酸カルシウム（$CaCO_3$）となって，これがさまざまなカルスト地形を形成する（図Ⅱ-66）。この溶食作用でできた石灰岩の散在する地形がカレンフェルトとよばれる石塔原で，小さな起伏に富んでいる。

これは山口の秋吉台という石灰岩地域なんだ（写真Ⅱ-78）。周りは森林だけど，秋吉台は石塔原という石灰岩がむき出しになった地形をしている。

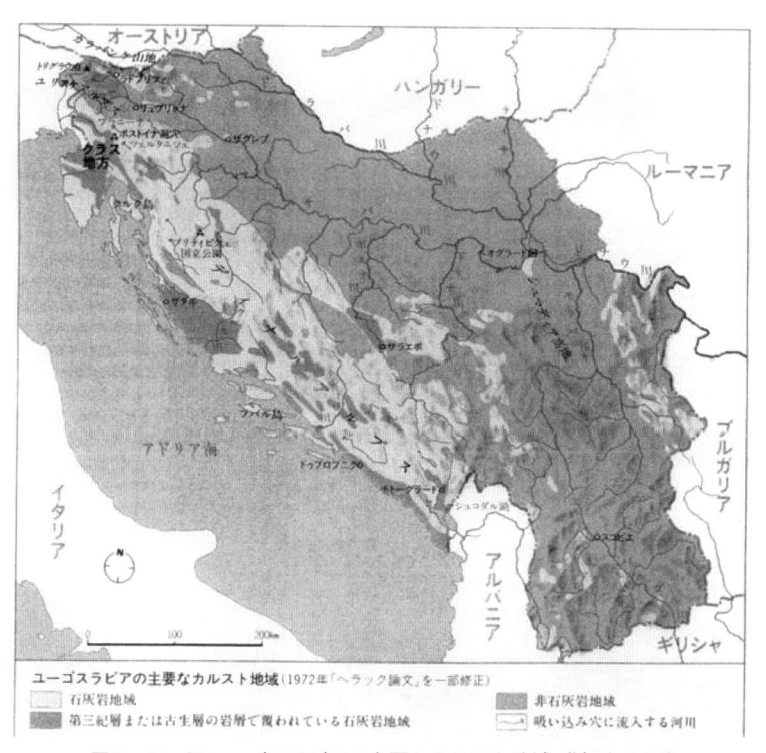

図Ⅱ-65　旧ユーゴスラビアの主要なカルスト地域（漆原 1984）

138　第Ⅱ部　地　形

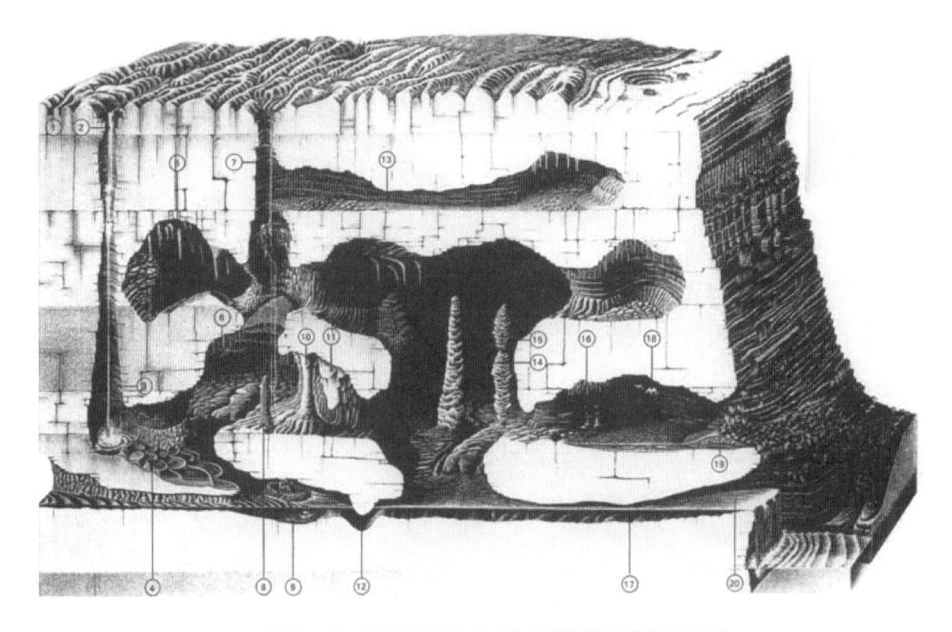

図Ⅱ-66　鍾乳洞の形成（大百科編集員会編 1995）

写真Ⅱ-78　秋吉台 (1)（川村・土井編 1984）

8. カルスト地形　139

写真Ⅱ-79　秋吉台 (2)（全日空株式会社 2005）

写真Ⅱ-80　平尾台（石黒 1984）

140　第Ⅱ部　地　形

写真Ⅱ-81　スロベニアの鍾乳洞（漆原 1984）

グラ：柔らかい起伏をしているね。
ジオ：窪地はドリーネ，谷はウバーレという地形なんだ（写真Ⅱ-79）。
　　　これは福岡の平尾台の石塔原の様子だよ（写真Ⅱ-80）。
グラ：まるで羊の群れのようね。
ジオ：一方，地下では石灰岩の溶食によって，鍾乳洞（Lime Stone Cave）が形成されるんだ（図Ⅱ-66）。日本の代表的な鍾乳洞というと，山口の秋吉台の秋芳洞，福岡の千仏洞や平尾台の青竜窟，岩手の竜泉洞や高知の竜河洞などがある。
グラ：竜にたとえられる鍾乳洞が多いのね。
ジオ：また，地表水が地下の洞穴に流入する穴のことをポノールというんだ。このポノールから落ちる炭酸カルシウムの雨水が鍾乳石をつくって，それがさらに石筍（図Ⅱ-65⑭）をつくり，そしてそれらがくっついて石柱（同⑩）となるんだ。これはスロベニアの鍾乳洞の様子で（写真Ⅱ-81），鍾乳石や石筍，石柱がみられるね。
　　　ところでグラフィー，山地地形の形成のところで，内的営力とその後の外的営力によって地形の輪廻がみられることを話したけど，覚えてる？……。
グラ：うん。
ジオ：カルストの地形にも輪廻がみられて，石灰岩の地形が雨による侵食や氷河による侵食で変化してゆくという過程をいうんだ。
　　　雨食が進むと，まずドリーネとよばれる直径10 m～100 mの摺り鉢状の窪地や凹地ができる（図Ⅱ-67）。ウバーレは，こうした窪地や凹地が発達して谷になったものなんだ。こうした凹地や谷が，さらに侵食を受けて平野のように広くなると，ポリエとよばれる直径数 kmの盆地が形成される。そして，そこは耕地となったり，人びとが居住して集落が形成されるんだ。

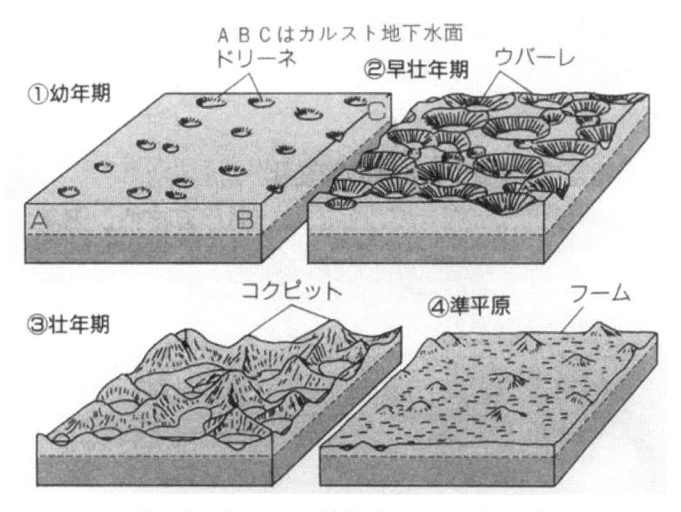

図Ⅱ-67 カルストの輪廻（川上ほか編 1991）

グラ：なぜ耕地になるの？
ジオ：石灰岩の風化土壌を，ラテン語でテラロッサ（terra rossa）「バラ色の土」というけど，これは石灰岩に含まれている養分が集積して土地が肥えていて，農業に適した耕地になるんだ。また，侵食から取り残されると，そこにはコックピットが形成される（図Ⅱ-67）。

写真Ⅱ-82 塔カルスト（林編 1985）

グラ：飛行機の操縦室みたいね。
ジオ：この名称はジャマイカの石灰岩地域の地方名からきていて，これは分水界の丘陵のことなんだ。さらに，侵食が進むとカレンフェルトという石塔原や塔カルストが形成される。中国の桂林でみられる塔カルストは有名だね（写真Ⅱ-82）。

◆ 雨がつくった桂林

ジオ：この塔カルストは多雨地帯に集中していて，雨による侵食量が多いために，硬い部分だけが塔状に残るんだ。そして，さらに侵食が進むと，フームとよばれる準平原となる。
グラ：ふ～ん。
ジオ：……。

第Ⅲ部　気候・植生・土壌・水

1. 気候

a．気候要素と気候因子

ジオ：次に気候についてみてみよう。気候のことを Climate といって，これはギリシア語の klinein「傾く」に由来する言葉なんだ。

グラ：英語の incline（傾ける）や inclination（傾斜・傾向）も同義語なの？

ジオ：そう。ギリシアでは，太陽の傾きによって，地球を高緯度・中緯度・低緯度といった緯度帯 klimate に区分したんだ。

グラ：それが，高緯度地域では寒帯，中緯度地域では温帯，低緯度地域では熱帯といった気候帯になったのね。

ジオ：うん。また，日本語の「気候」という言葉，これは中国の「二十四節気七十二候」に由来しているんだよ。二十四節気とは地域差，七十二候とは季節の推移を意味していて，これは1年を節気と候に細かく分けて，自然環境の変化を表したものなんだ。

グラ：1年間の自然環境が，これほど細かく分かれる地域は世界でも限られるんじゃない？。

ジオ：そうだね。この自然環境の細かな変化が，日本人の繊細さを育んだのではないかともいわれているんだ。

グラ：ジオ，気候は日本や世界の各地で違うよね。

ジオ：うん。その各地域の気候を形成する重要な要素と因子があって，それが気候要素と気候因子なんだ。まず，気候要素は気候を形成している個々の要素のことで，気温，降水量，風，湿度，雲の量，日射や日照，蒸発散などがある。なかでも，気温，降水量，風は気候の三大要素というんだ。

グラ：気候因子は？

ジオ：これは気候要素を変化させる要因。つまり，緯度や海抜高度，水陸の分布，山地や平野といった地形，東西南北といった位置，植生，海流などがあるんだ。

b．気温・降水量・風

ジオ：次に，気候の三大要素である気温，降水量，風についてみてゆくと，まず平均気温。これには日平均気温や月平均気温と年平均気温があって，日平均気温というのは，1日数回観測してそれらの平均値を出すんだ。

グラ：小学生の頃に，校庭の地上1.5 mのところに置かれた百葉箱で気温を観測したことがある。

ジオ：この観測時刻は世界各国で違っていて，日本では朝の6時，昼の2時，夜の10時の3回。こうした日平均気温で，日本での最高気温は，気象庁の観測値で1933年7月25日に山形で観測された40.8度だった。

グラ：でも，2007年の8月16日に岐阜の多治見と埼玉の熊谷で40.9度を記録したよね。

ジオ：これは，太平洋高気圧が勢力のピークを迎え，またフェーン現象が重なって，74年ぶりの更新になったんだ。なお，気象庁以外の機関の観測値（参考値）では，2004年8月10日に東京都足立区で42.7度を記録したことがあるんだ。

グラ：……。

ジオ：これは東京のヒートアイランド現象の一つで，大都市ではエアコンの室外機の熱や排気ガスなどで人工熱が発生して，気温が上昇するんだ。

グラ：最低気温は？

ジオ：1902年1月25日の旭川で観測されたマイナス41.0度がこれまでの記録。

グラ：世界の最高気温はどのくらいなの？

ジオ：イラクのバスラというペルシャ湾の近くで，1921年7月8日に観測された58.8度。

グラ：……。サウナに入っている感じね。

◆ ダイアモンドダストと凍傷

ジオ：また，世界の最低気温は南極のボストーク基地で，1983年7月21日に観測されたマイナス88.3度。だいたいマイナス50度ではく息が凍るんだ。ダイヤモンドダストのように息がサラサラになってしまう。でも，こんなところで野外で立ちションしたらだめ。オシッコを出す先から凍って凍傷になってしまう。

グラ：……。

ジオ：インドのアンドラプラデッシュ州のビジャヤワダ（北緯17度）というところに行ったことがあるけど（図Ⅲ-1），日中の外では45度，日影でも37度。まさに蒸し風呂で，2週間で5kgやせたよ。ダイエットするにはおすすめだね。海外に行ってやせて帰れる。

グラ：高いダイエット料金ね。

ジオ：……。

ジオ：次に，年平均気温だけど。

グラ：大都市では，最近年平均気温が上昇しているよね。

ジオ：これは，セメントやアスファルトで地表面がコーティングされているために，太陽光線で温められて，夜間の気温が低くならない。放射現象やヒートアイランド現象とよばれる微気候のためなんだ。ちなみに，大阪の年平均気温は以前の15.6度から16.5度に，東京では15.0度から16.0度に上昇している。

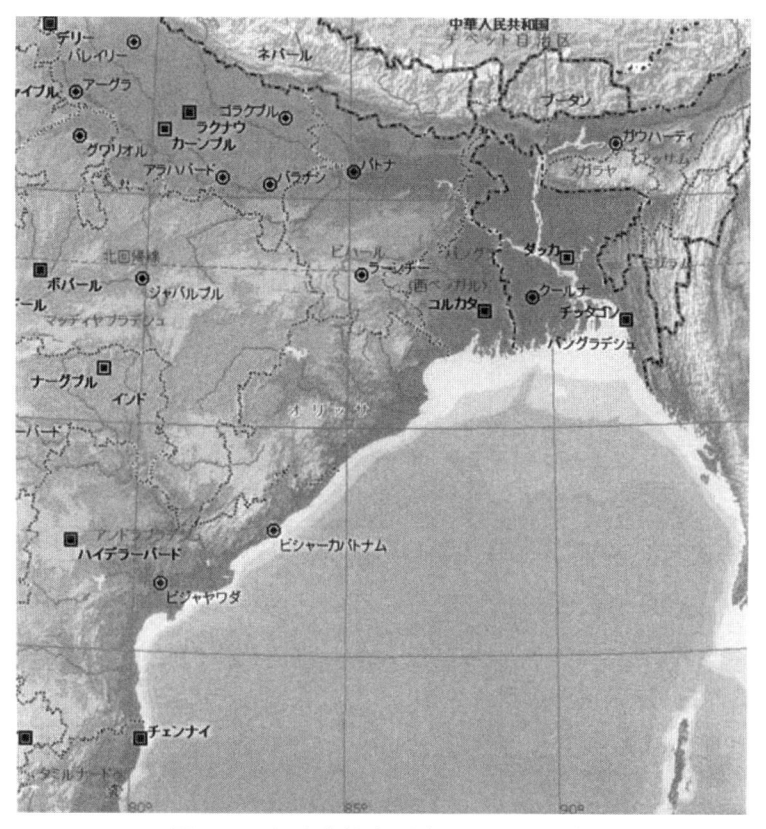

図Ⅲ-1　インド東部（マイクロソフト 2001）

ジオ：次に気温の較差で，日較差というのはその日の最高気温から最低気温を引いた値。

グラ：じゃ，年較差は最暖月の平均気温から最寒月の平均気温を引いた値ね。

ジオ：うん。日較差は低緯度で大きくて高緯度で小さい傾向を示すけど，年較差は低緯度で小さいんだ。

グラ：つまり年中暑いから年較差は小さいのね。でも，高緯度では年較差は大きくなるんでしょ？

ジオ：そう。北海道の真北の内陸部に，オイミヤコンというロシアの都市があって，ここでは1967年に夏の平均気温が20度，冬がマイナス67.9度を記録したことがあって，年較差は87.9度。

グラ：……。

ジオ：ちなみに，日本の場合，東京では8月の平均気温が27.1度，1月が5.8度だから年較差は21.3度（2000年）で，オイミヤコンの4分の1。
　　　また，大陸の内部の乾燥地域では年較差と日較差はともに大きくて，海岸地域では海水温が暖まりにくく冷めにくいために，年較差と日較差はともに小さいんだ。

グラ：ジオ，山に登ると涼しく感じるけど，あれはなぜなの？

ジオ：気温の逓減率という言葉があって，これはドイツのフンボルト（A.Humbolt）とい

う人が発見したもので，彼は高度が 100 m 増すごとに気温は 0.55 度ずつ下がることをつきとめたんだ。

たとえば，ケニアのナイロビ (標高 1798m) の気温が 20 度の時，ケニア山頂 (5199m) の気温を考えてみようか。ナイロビを 1800m，ケニア山頂を 5200m，逓減率 0.55 度とすると，

$$5200 - 1800/100 \times 0.55 = 18.7$$

グラ：ということは，20 − 18.7 ＝ 1.3 で山頂の温度は 1.3 度ということになるのね。

ジオ：そう。

ジオ：それじゃ，次に降水量についてみてみよう。降水というのは，雨や雪，雹，霰といった大気中の水蒸気が凝結して，水や固まりになって地上に落下したものだね。降水量には日降水量，月降水量，年降水量があるけど，このうち年平均降水量は，世界で 743mm，日本で 1854mm，東京では 1467mm（2000 年）。ところが，三重の尾鷲では 3922mm で日本で一番雨の多い所なんだ。

グラ：どうしてなの？

ジオ：沖合いを黒潮が流れて，南からの湿った空気が大台ヶ原にぶつかるために，大雨を降らすんだ。

2004 年の台風 21 号の時に，1 日で 9 月ひと月分の雨量を上回る記録的豪雨となったことがあったんだ。この原因は秋雨前線と台風がセットになったからで，尾鷲では 9 月 28 日の夕方から翌日の午後の 1 日で 876mm。ちなみに，尾鷲の 9 月の平均降水量は 718mm。

グラ：……。

ジオ：世界で最大の年降水量が計測されたのは，インドのアッサム地方のチェラプンジで（図Ⅲ -1），1860 年 8 月 1 日から翌年の 7 月 31 日までに観測された 26461mm。

グラ：ここでは，1 年間に 2 m 60cm も雨が降ったことになるのね……。

ジオ：次に降雨型をみてみると，降雨型は大きく四つあって，対流性や地形性，そして気流や低気圧によってもたらされる降雨に分けられるんだ。

グラ：スコールというのは？

ジオ：これは対流性の降雨のことで，日中に強い日ざしを受けて上昇気流が生じて積乱雲となる。それが，夕方の気温の低下にともなって冷やされて一時的に降雨になるんだ。次に地形性の降雨，これは高温多湿の気流が山腹を上昇して雨を降らせるものだよ。また，気流性の降雨，前線性の降雨ともいっているけど，これは梅雨前線や秋雨前線のことで，季節の変わり目に生じる降雨なんだ。夏の小笠原気団と冬のシベリア気団の勢力拡大の前触れの現象といわれている（図Ⅲ -2）。

さらに，低気圧性の降雨は，熱帯や亜熱帯に発生した低気圧が温帯圏に移動して雨を降らせるものなんだ。

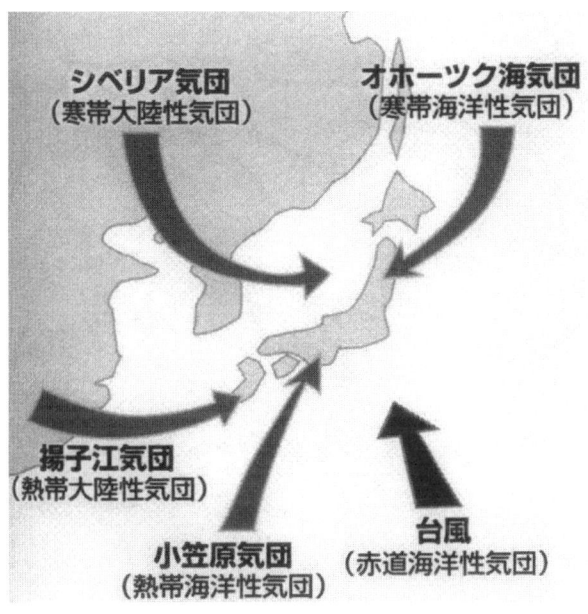

図Ⅲ-2　日本のまわりの五つの気団（饒村 2000）

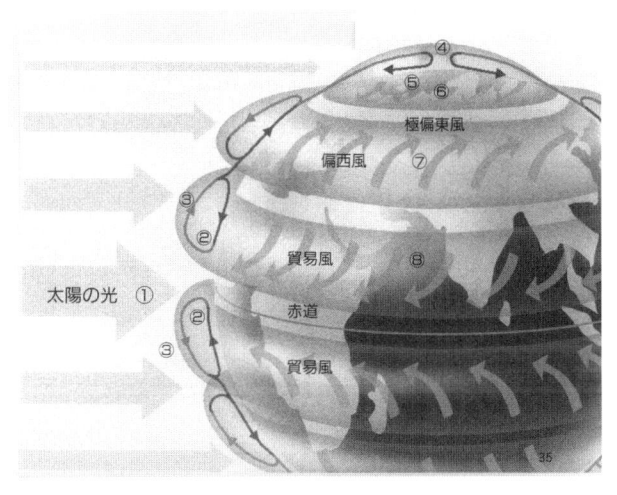

図Ⅲ-3　大気の循環（清水 1995）

グラ：日本でいうと台風にともなう雨がそうね。
ジオ：また温帯低気圧は、寒気流と暖気流の接触によって降る雨で、低圧で湿潤な暖気流と高圧で乾燥した寒気流がぶつかって、暖気流が冷やされて雨が降るんだ。

ジオ：次に風。気圧の高いところから低いところに向かう大気の流れ、これが風なんだ。
グラ：よく雨が降る前に風が吹くことがあるけど……。
ジオ：そう。気圧の高い状態から低い状態になるために風が吹くんだ。この風は大きく三つあって、恒常風、季節風、そして暴風や局地風（地方風）。
　まず、恒常風というのは、高圧帯から低圧帯に吹く一定方向の風（図Ⅲ-3）。つまり、

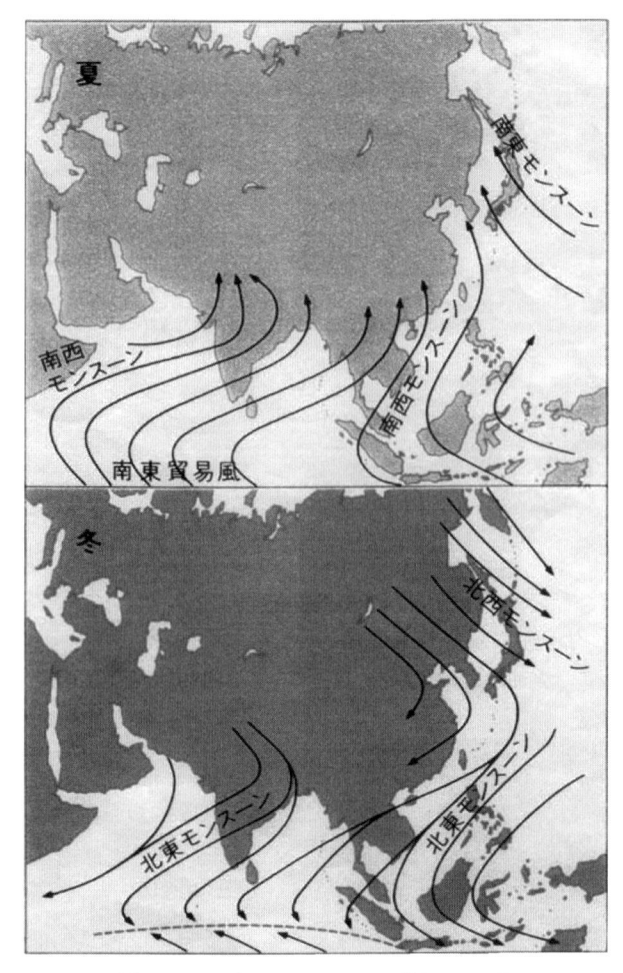

図Ⅲ-4 アジアのモンスーン（福岡 1985）

　極高圧帯から亜寒帯低圧帯に吹く風を極偏東風といい，中緯度高圧帯から亜寒帯低圧帯に吹く風を偏西風というんだ。当然南北半球で風の向きが違って，北半球では南西の風，南半球では北西の風となる。また，中緯度高圧帯から赤道低圧帯に吹く風，これが貿易風。

グラ：どうして貿易風というの？
ジオ：北半球では北東の風，南半球では南東の風となって，帆船時代に大洋を西に航行する時にこの風を利用したんだ。
グラ：つまり貿易にとって重要な風だったから，こうした名称がつけられたのね。
ジオ：さらに，ジェットストリームというのがあって，これは上層の偏西風のことなんだ。
グラ：ジェットストリーム……。どこかで聞いたことがある……。
ジオ：このジェットストリームは，中緯度の30度～50度付近を流れる秒速80m～100mの強い西風で，ちなみに新幹線の平均秒速が55mだから，その1.5倍～2倍のスピードなんだ。

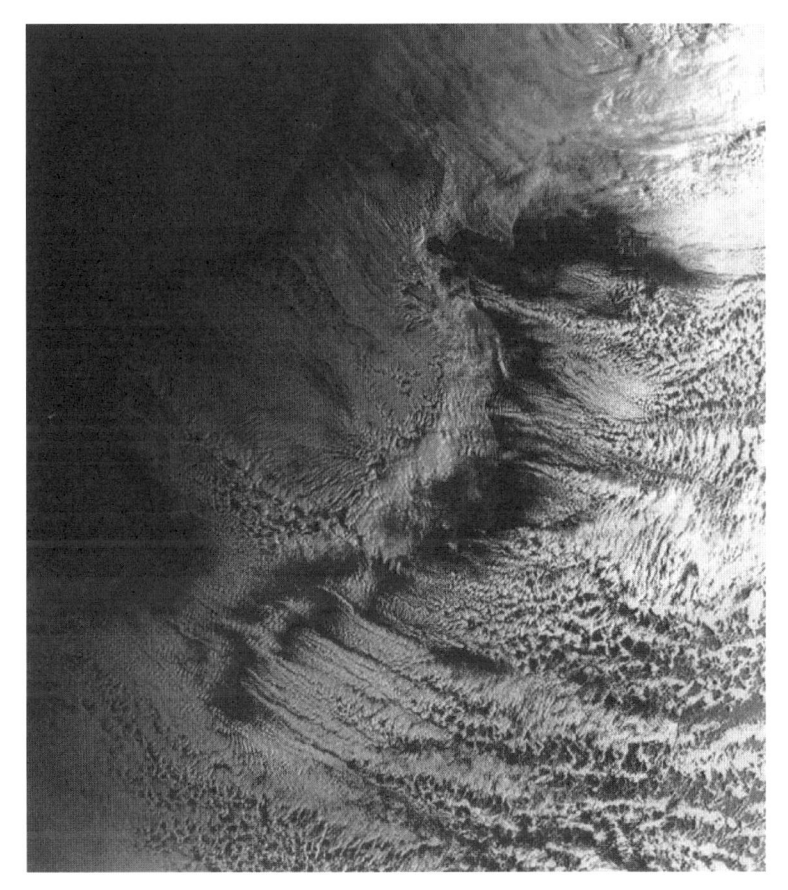

写真Ⅲ-1　大雪の日本列島（リモート・センシング技術センター編 1997）

　　　ジェット機が東向きに飛行する場合は，高度を上昇させてこのジェットストリームに乗って飛んで，燃料費を抑える。逆に，西向きに飛行する場合は高度を下げて，ジェットストリームを避けて飛ぶんだ。
グラ：そうすることで，早く目的地に着く。
ジオ：そう。だから同じ航路を往復しても，行きと帰りで飛行時間が違うんだよ。
　　　ところで，太平洋戦争の時にこのジェットストリームを使った作戦があって，これが風船爆弾作戦。日本軍が風船に爆弾をつけてジェットストリームにのせて，アメリカを攻撃しようとしたけど，ロッキー山中で山火事が発生した程度であまりききめはなかったようだね。
グラ：……。
ジオ：次に，モンスーンは大陸と海洋との比熱の違いによって生じる風で，季節によって風向きが反対になるんだ（図Ⅲ-4）。夏は海洋の高圧部から大陸の低圧部に，冬は大陸の高圧部から海洋の低圧部に向かって風が吹く。
グラ：日本では，夏は小笠原気団による南東風，冬はシベリア気団による北西風になるのね。
ジオ：これは，冬の日本列島の様子をみたものだけど（写真Ⅲ-1），日本海で上昇した水

◎暴風－移動性熱帯低気圧にともなう風
・台風（Typhoon）太平洋→東アジア
・サイクロン（Cyclone）
　インド洋・ベンガル湾・アラビア海→インド・バングラデシュ・
　　　　　　　　　　　　　　　　　パキスタン・ミャンマー東部
　南インド洋→マダガスカル島
　南西太平洋→オーストラリアのクインズランド
・ハリケーン（Hurricane）
　カリブ海→合衆国南部・メキシコ・西インド諸島
・ウイリー・ウイリー（Willy willy）
　インド洋→オーストラリア西部

◎局地風・地方風
：乾燥熱風
・スホベイ（Sukhovey）カラクーム砂漠→ウクライナ地方
　ハルマッタン（Harmattan）－砂塵をと
　サハラ砂漠→ギニア湾岸地域

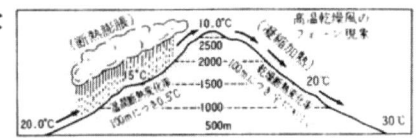

：乾燥暖風
・フェーン（Foehn）－山を越え吹き降ろす特殊風
　アルプス北斜面、日本海側（東北・北陸地方）
・チヌーク（Chinook）－雪喰風（Snow eater）
　太平洋岸→ロッキー山脈→太平原（グレートプレーンズ・プレーリー）
・ブリックフィルダー（Brickfielder）
　－オーストラリア内陸部→大平原（大鑽井盆地）

：乾燥寒風
・ミストラル（Mistral）－フランスサントラル高地→フランス南部
・ボラ（Bora）－ジナルアルプス山脈→アドリア海北東部（ダルマチア地方）
・パンペロ（Pampero）－アンデス山脈→パンパ
・ノーサー（Norther）－合衆国北部→テキサス州・メキシコ湾岸
・ブリザード（Blizzard）（吹雪混じり）－カナダ→合衆国北部、南極大陸
・ブラン（Buran）（吹雪混じり）－西シベリア・中央アジア

図Ⅲ-5　世界の特殊な風

　　蒸気が雲となってシベリア気団によって運ばれ，日本列島の脊梁山地にあたると，
　　日本海沿岸地域に大雪が降るんだ。そのために，乾いた空気が山地を越えて，太平
　　洋側では北西風が吹くことになる。
グラ：太平洋沿岸地域で乾燥していることがよくわかるね。

：湿潤熱風
　・シロッコ(Sirocco)－砂塵をともなう
　　サハラ・リビア砂漠→地中海→イタリア南部・シチリア
　　　　→アルジェリアの海岸

：湿潤寒風
　・やませ(山背)－初夏の三陸地方や北海道南東部にみられる北東～東風
　　　東北地方の冷害の一要因

＊おろし(颪)－山地から吹き降ろす風(熱風・寒風)
　　　太平洋側の冬季の寒冷乾燥風－赤城颪・筑波颪

＊だし　山地から海上沖合に吹く乾風

＊旋風－前線とともに移動し低気圧の周囲から吹く風
　トルネード(Tornado)－大平原(グレートプレーンズ・プレーリー)
　サムム(Sumum)－アフリカ・アラビアの砂漠地域

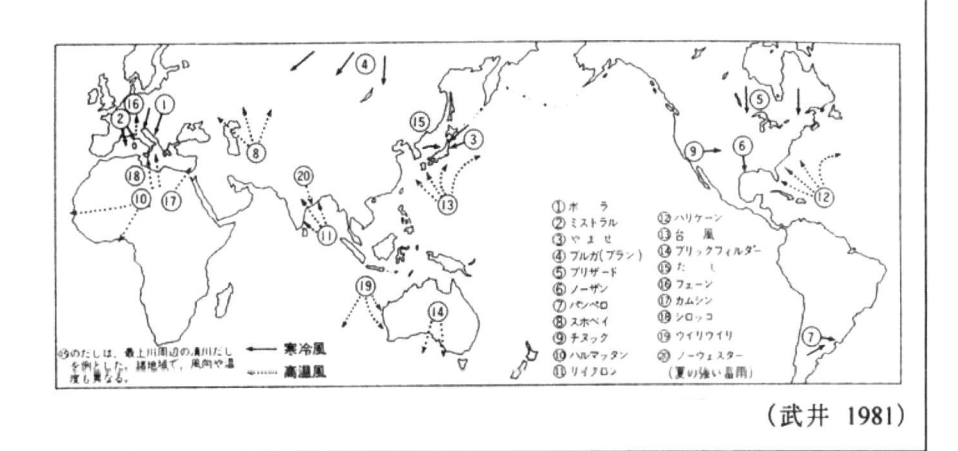

①ボーラ　⑪ハリケーン
②ミストラル　⑫台風
③やませ　⑬ブリックフィルダー
④ブルガ(ブラン)　⑭だし
⑤ブリザード　⑮フェーン
⑥ノーザン　⑯カムシン
⑦パンペロ　⑰シロッコ
⑧スホベイ　⑱ウイリウイリ
⑨チヌック　⑲ノーウェスター
⑩ハルマッタン　⑳（夏の強い暑風）
⑪リイブロン

　　　　　　　　　　　　　　　　(武井 1981)

◆ エスキモー犬たちのルール

　ジオ：その他の風として，熱帯性低気圧にともなう暴風や局地風（地方風）という特殊な
　　　風があるんだ（図Ⅲ-5）。局地風も，その性質によって，乾燥熱風や乾燥暖風，乾
　　　燥寒風，湿潤熱風，湿潤寒風などに分かれる。

写真Ⅲ-2　北極圏走破（植村 1976）

ジオ：ところで，グラフィー，植村直己という冒険家を知ってる？
グラ：うん。
ジオ：1984年の2月13日にカナダのマッキンリー山で消息不明になったけど，彼はそれまで各地の冒険の旅をしてきた人で，以前映画にもなった。北極圏を犬ぞりで探検した時のことが本にのっている（写真Ⅲ-2）。それによると，彼は10頭前後のエスキモー犬をつかって1万2000kmを走破したんだけど，グリーンランドの訓練された犬は，ブリザードという吹雪のなかを走りながら大小便をするんだ。
グラ：……。
ジオ：犬たちはそりを引くという団体行動をとるために，途中で止まって用をたすことはしないんだ。自己中心的ではいけない。わがままは許されない。責任感と協調性が大切なんだね。
グラ：犬ですら，他人，いや他犬を思いやる……。
　　　エスキモー犬に学ぶことは多いわね。

◆ 巨大台風が日本を襲う

ジオ：地球の異常気象により，世界各地で巨大暴風が発生しているよね。これは，スペー

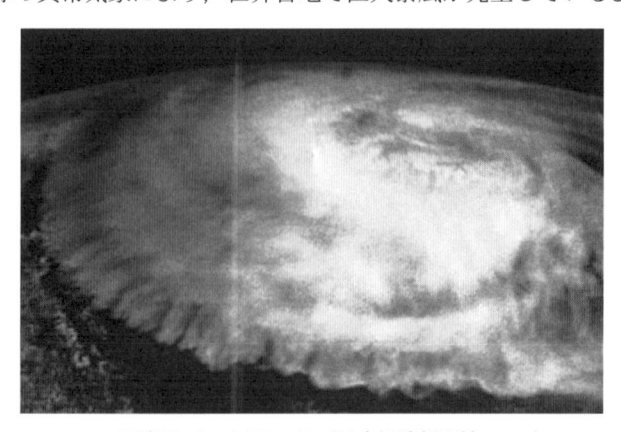

写真Ⅲ-3　台風11号（日本経済新聞社 2001）

表Ⅲ-1　台風の知識、台風、台風災害（インターネットHP 2007）

風速（秒速）と被害の目安	
10m/s	樹木全体が揺れ、電線が鳴る。雨傘をさしていると、壊されることがある。
15m/s	取り付けの悪い看板が飛ぶことがある。
20m/s	身体を30度くらいに傾けないと立っていられない。風に向かっては歩きにくい。子供は飛ばされそうになる。
25m/s	屋根瓦が飛ばされる。樹木が折れる。煙突が倒れる。
30m/s	雨戸がたわんで、敷居から外れ吹き抜かれる。屋根が飛ばされることがある。しっかりしていない家が倒れる。電柱が倒れることがある。
35m/s	列車の客車が倒れることがある
40m/s	身体を45度に傾けないと倒れる。小石が飛ぶ。
50m/s	たいていの木造家屋が倒れる。樹木は根こそぎになる
60m/s	鉄塔が曲がることがある。

台風の強さは中心付近の最大風速と気圧で表します	
弱い台風	風速17.2～25m/s未満・990hp以上
並みの台風	風速25～33m/s未満・950～989hp
強い台風	風速33～45m/s未満・930～959hp
非常に強い台風	風速45～55m/s未満・900～929hp
猛烈な台風	風速50m/s以上・900hp未満

台風の規模（大きさ）は、暴風域の広さで表します	
大型の台風	風速15m/s以上の暴風域が半径500Km～800Km
超大型の台風	風速15m以上の暴風域が半径800Km以上

降水量の目安	
時間あたりの降雨量	実際の状況
5mm～10mm／h	すぐに水溜りができ、雨音がよく聞こえる
10mm～20mm／h	雨音で話が聞こえないことがある、長雨の場合災害の警戒が必要
20mm～30mm／h	下水があふれ、小河川が氾濫することがある。がけ崩れの危険性
30mm／h以上	バケツをひっくり返したような豪雨、危険箇所は避難準備 危険と思ったら自主避難
大雨警報と大雨注意報	発令の目安
大雨注意報	大雨によって災害が起こるおそれがあると予想される場合。3時間雨量が40mm、1時間雨量が20mmを超える場合。
大雨警報	大雨によって重大な災害が起こるおそれがあると予想される場合。1時間に40mm（延べ100mm）、3時間に80mm、24時間に150mmを超える場合。

スシャトルディスカバリーが撮影した2001年8月の台風11号だよ（写真Ⅲ-3）。台風の発生する地域は，いつもは北緯10度付近だけど，それが最近では10度～20度付近に拡大しているんだ。

グラ：どうしてなの？

ジオ：海水温が高くなっているために，水蒸気が多量に上昇して台風が発生している。また，北上してきた台風は，太平洋高気圧があるためにそのへりにそって迂回して，石垣島付近でコースを変えて北東の日本列島に向かうんだ。

この台風の規模は秒速17.2m以上で（表Ⅲ-1），50m～60mだと新幹線の上に乗って走っている状態なんだ。

写真Ⅲ-4　ハリケーン カトリーナ（インターネット HP 2008）

グラ：……。確かに，最近巨大台風の発生が多くなってるわね。
ジオ：2002年の7月初めに台風5号が発生したけど，その時の気圧が945ヘクトパスカル，最大風速は45 mという巨大台風だった。2003年10月の台風23号はで950ヘクトパスカルで，最大風速40 m，中心から半径220km以内が風速25 m以上の暴風域，半径800km以内が風速15 m以上の強風域という，日本列島がすっぽり入るほどの超大型の台風だったんだ。

また，海外では，2002年の12月下旬に風速90 m級という南太平洋で過去最大級のサイクロンが襲来した。さらに，2005年の8月29日に，ニューオーリンズを襲って甚大な被害をもたらした巨大ハリケーン カトリーナは記憶に新しいよね（写真Ⅲ-4）。自然的な原因と人為的な要因が重なった時に，被害は甚大なものになる。

グラ：……。

2. 植生

a．森林

ジオ：グラ，地球上の植物の種類ってどれくらいあると思う？

グラ：想像がつかない……。

ジオ：諸説あるけど，約30万種類といわれていて，そのうちの半分は熱帯に生育している。なかでも，花の咲く植物は約20万種類といわれているんだ。

　　　ここでは，世界の植生を森林と草原とに分けて，その特徴をみてゆくことにするね。地球上の森林というのは，気候帯に対応していて，熱帯林，温帯林，冷帯林の三つに区分されるんだ。まず熱帯林だけど，特徴は硬木といって木質が硬くて，また熱帯には温帯のように季節の変化がないから，木は年輪をつくらないんだ。こうした熱帯林は，さらに熱帯雨林とモンスーン林とに分けられる。熱帯雨林は常緑の広葉樹の密林からなって，これをアマゾン川流域ではセルバ，東南アジアやアフリカではジャングルとよぶんだ。

グラ：ターザンの映画ででてくるあのジャングルね。

ジオ：このジャングルは熱帯雨林の縁辺に分布して，ツタ類がからまり下草が密生した森林を形成している。もともとはヒンディー語のJangalで，居住地の周りにあって踏み込むことのできない森林や低木林をいうんだ。

グラ：もう一つのモンスーン林というのは？

ジオ：これは雨緑樹林といって，雨季に葉がよく茂って，乾季には一部が落葉するんだ。このモンスーン林の多くが，有用材として利用されている。

グラ：有用材？

ジオ：代表的なものとして，タイやミャンマーで生産されるチークは，船舶材として加工されているし，マレーシアにボルネオ島（カリマンタン島）があって，この島のサバ州やフィリピンで生産されるラワンは，建築材や家具材(合板材)として利用価値が高いんだ。

　　　また，カリブ海の西インド諸島ではマホガニーとよばれる高級家具材が有名だし，タイやミャンマー，南インドで生産されるのは紫檀や黒檀というんだ。

グラ：紫檀と黒檀，どう違うの？

ジオ：木の芯の部分が紫色をしていると紫檀，黒色をしているのが黒檀で，高級家具材になる。日本ではこの紫檀のことを唐木といって，マメ科の植物で箸の材料になるんだ。ちなみに黒檀はカキノキ科の植物。

　　　なお，白檀というのがあるけど，これはセンダンのことでインド産の香木なんだ。

グラ：「せんだんは双葉よりかんばし」というけど……。

ジオ：うん。偉い人は幼い時から優れているという意味だね。

ジオ：次に，温帯林だけど，これは三つあって，照葉樹林と硬葉樹林，そして温帯混合林。
まず，照葉樹林は常緑広葉樹林ともいって，主に西日本や東日本の沿岸地域でみられ，シイやカシ，クスなどに代表されるね。
次に，地中海性の低木林で，これは硬葉樹林といって，地中海地域の夏の乾燥に耐えるために葉が硬いんだ。

グラ：オリーブや月桂樹がそうなの？

ジオ：うん。ほかにコルクガシなどがある。さらに，温帯混合林は，ブナやミズナラなどの落葉広葉樹とモミやツガなどの針葉樹からなっているんだ。
さらに，冷帯林の特徴としては，軟木で年輪が明瞭なんだ。木は，年輪がはっきりしているほど軟らかくて加工しやすい。

グラ：だから，パルプや製紙業などの原料としてこの冷帯林が利用されているのね。

ジオ：そう。ロシアでは，この針葉樹林のことをタイガ「広い針葉樹林」といっている。エゾマツやトドマツがその代表的な樹種なんだ。

b．草原

ジオ：次に草原だけど，これも三つあって，熱帯草原と温帯草原，そして半乾燥草原。
まず，熱帯草原は灌木や疎林が散在している丈の長い草原で，これをアフリカではサバナといって，熱帯雨林から砂漠地帯の移行帯にあたる草原地帯を形成しているんだ。ブラジル高原ではこれをカンポといい，ベネズエラのオリノコ川流域ではリャノとよばれている。

グラ：聞き慣れない草原の名前ね。

ジオ：次に，温帯草原。これはさらに三つの地域に分布していて，プレーリーと湿潤パンパとプスタ。プレーリーは，北米の中央平原のことだよ。

グラ：パンパって？

ジオ：アルゼンチンのブエノスアイレスを中心とする半径500km〜600kmの半円形の地域で（図Ⅲ-6），その東部を湿潤パンパというんだ。ここでは，コムギやトウモロコシ，そして最近栄養食品として注目されているアルファルファなどが栽培されている。

グラ：アルファルファはよく知ってる。

ジオ：日本名は「むらさきうまごやし」というんだ。

グラ：……。

ジオ：スーパーではアルファルファとして売っているけど，「むらさきうまごやし」では食品として商品にならないよね。
そして，もう一つの温帯草原はハンガリー盆地に分布するプスタで，コムギやトウモロコシの生産地になっている。

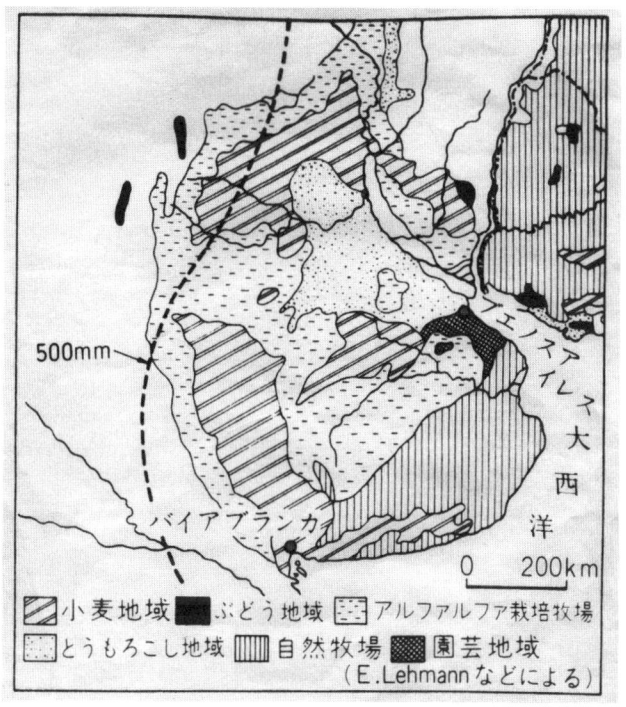

図Ⅲ-6 パンパの農牧業地域 (高橋ほか編著1984)

熱帯草原が長草草原であったのに対して，年降水量250mm～500mmの半乾燥地域で丈の短い草原が分布するんだ。砂漠周辺の短草草原のことをステップといい，南アフリカ共和国の内陸部ではベルトとよばれている。アルゼンチンでは乾燥パンパといって，湿潤パンパの西部から南部地域に広がっているんだ。

◆ マルコが母を訪ねて歩いたのは？

ジオ：グラフィー，「母を訪ねて三千里」というアニメをみたことある？
グラ：うん，よくみてたよ。
ジオ：マルコはイタリアのジェノバから船でアルゼンチンのブエノスアイレスに着くよね（図Ⅲ-7）。
グラ：そして，ペッピーノ一家と南のバイアブランカに行くのね。
ジオ：その後，列車でブエノスアイレスに戻り，船でパラナ川を上りロサリオに行って，そこから列車でコルドバに行き，サンミゲル・デ・トゥクマンまで列車で行こうとしたけど，無賃乗車で降ろされるよね。
　　　そして，サンチアゴ・デルエステロの分岐点まで牛車に乗せてもらうけど，途中でグランデス塩地を通る。分岐点で分かれて，「ばあさん」というロバとトゥクマンを目指すんだ。
グラ：でも，途中でロバの「ばあさん」が死んじゃうのよね。

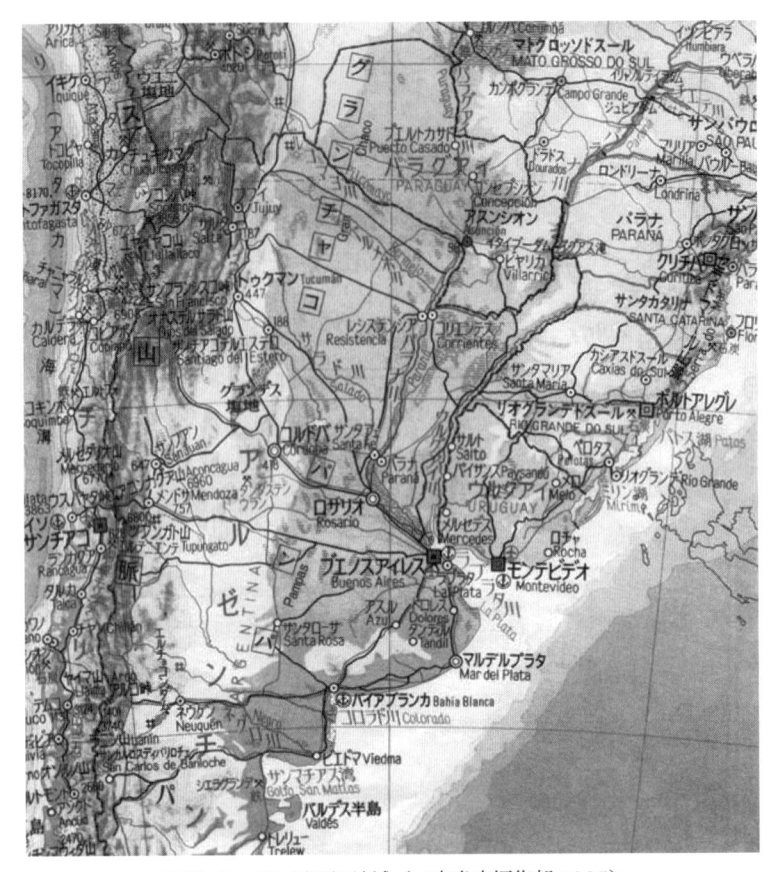

158　第Ⅲ部　気候・植生・土壌・水

図Ⅲ-7　パンパ周辺地域（二宮書店編集部 1995）

ジオ：うん。そこから徒歩で 100km あまりを歩くんだけど，アニメはここからが長いんだ。
グラ：そして，マルコはついにトゥクマンにいる母と再会するのね。
ジオ：このアニメでは，湿潤パンパから乾燥パンパ，そして低山地のグランチャコ（大狩猟地）の様子が，草原の色や土地利用の違いとして描かれているんだ。
グラ：そうなの……。

3. 土壌

a. 成帯土壌

ジオ：次に，土壌についてみるけど（図Ⅲ-8），この土壌は大きく成帯土壌と間帯土壌とに分けられるんだ。

グラ：成帯土壌って？

ジオ：これは岩石が風化した後に腐植が混入したもので，気候帯や植生帯にそって帯状に分布する土壌帯のことだけど，これには湿潤土壌と乾燥土壌があるんだ。
また，湿潤土壌には，寒帯のツンドラ土と冷帯の灰色をしたポドゾル，そして熱帯のラトソルがある。

グラ：ラテライトといっていた土壌？

ジオ：そう。また，乾燥土壌には，ウクライナからカザフスタンにかけて分布するチェルノーゼムや北米のプレーリー土があって，いずれも肥沃な耕作土となっている。

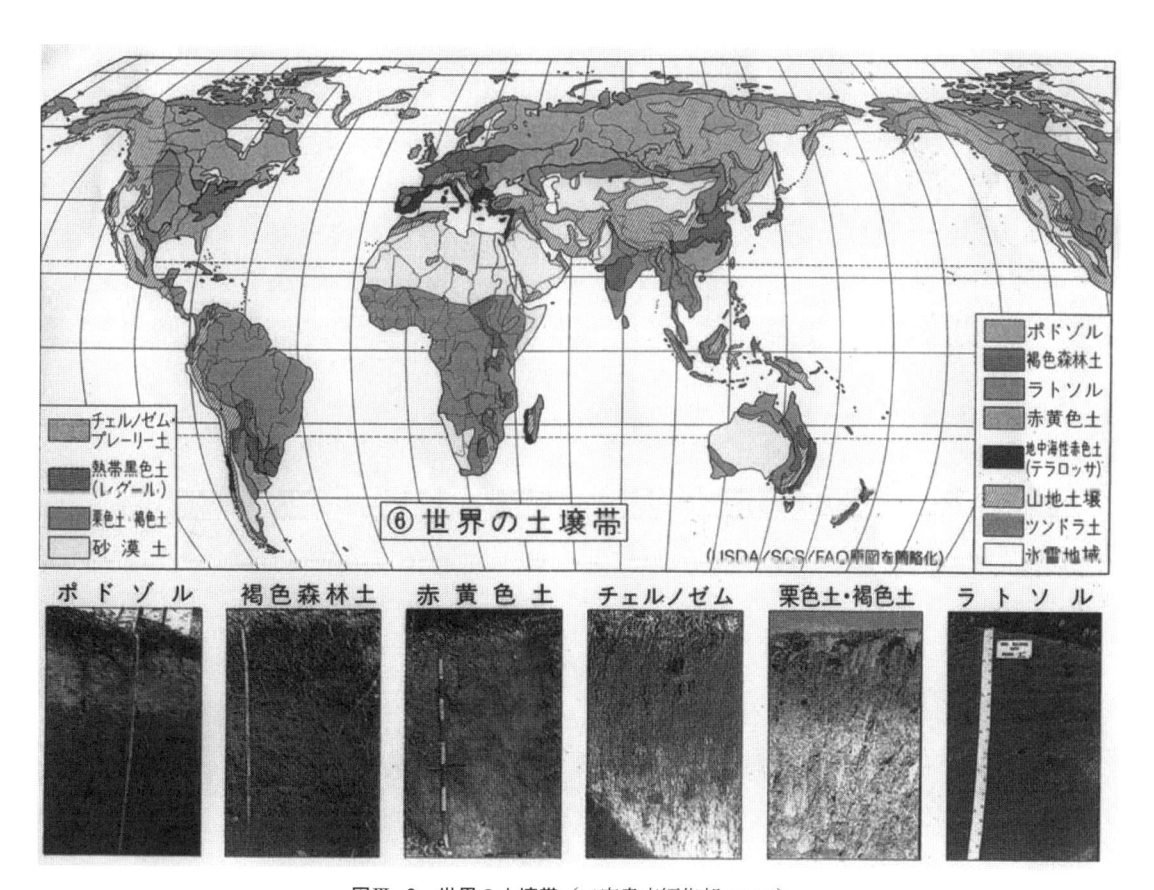

図Ⅲ-8 世界の土壌帯（二宮書店編集部 1994）

b．間帯土壌

◆ バラ色の土

グラ：間帯土壌というのは？

ジオ：これは母岩の性質を反映して，局地的に分布する土壌のことなんだ。たとえば，玄武岩が風化した土壌のことをレグールという。インドのデカン高原の一部は，ペジオニーテという溶岩台地からなっていて，その溶岩台地を構成する玄武岩が風化したものがレグール土で，これは綿花の栽培に適しているんだ。

また，カルスト地形のところでもみたように，テラロッサ（terra rossa）とよばれる土壌があって，これはラテン語で「バラ色の土」という意味だったよね。

グラ：terra は「土や地球・土地」という意味だよね。

ジオ：「terra へ」というアニメが以前上映されたし，清涼飲料水にもあったけど，この terra は「地球」という意味だね。

このテラロッサは石灰岩が風化した土壌で，地中海沿岸地域に分布していて，オリーブなどの果樹類の栽培に適しているんだ。

これに対して，ポルトガル語でテラローシャ（terra roxa）という土壌がある。これは玄武岩の風化土壌で，カンポとよばれるブラジル高原に分布して，コーヒー豆の栽培に適しているんだ。

4. 水

a. 地球の水

ジオ：地球の海と陸との割合は7対3で，地球上の水は約14億km³もあるんだ（表Ⅲ-2）。そのうち，海水は96.5％で，陸水はわずか3.5％。陸水のうち氷雪が1.74％，地下水が1.7％，地表水が0.06％。地表水のうち，湖沼水が0.014％，土壌水が0.001％，水蒸気が0.001％，河川水が0.0002％なんだ。

表Ⅲ-2　地球上の水の量（インターネット HP 2007）

水の種類		量 (1,000km³)	全水量に対する割合（％）	全淡水量に対する割合（％）
海水		1,338,000	96.538	
地下水		23,400	1.68833	
	塩水	12,870.0	0.9286	
	淡水	10,530.0	0.7598	30.061
土壌中の水	淡水	16.5	0.001	0.047
氷河等	淡水	24,064	1.736	68.697
永久凍結層地域の地下の氷	淡水	300	0.022	0.856
湖水		176.4	0.0127	
	塩水	85.4	0.0062	
	淡水	91	0.0066	0.26
沼地の水	淡水	11.5	0.001	0.033
河川水	淡水	2.1	0.0002	0.006
生物中の水	淡水	1.1	0.0001	0.003
大気中の水	淡水	12.9	0.001	0.037
合計		1,385,984.5	100	
合計（淡水）		35,029.1	2.5274	100

（注）1. Assessment of Water Resources and Water Availability in the World; I ,A. Shiklomanov,1996（WMO 発行）より，国土交通省水資源部作成．
2. この表には，南極大陸の地下水は含まれていない．

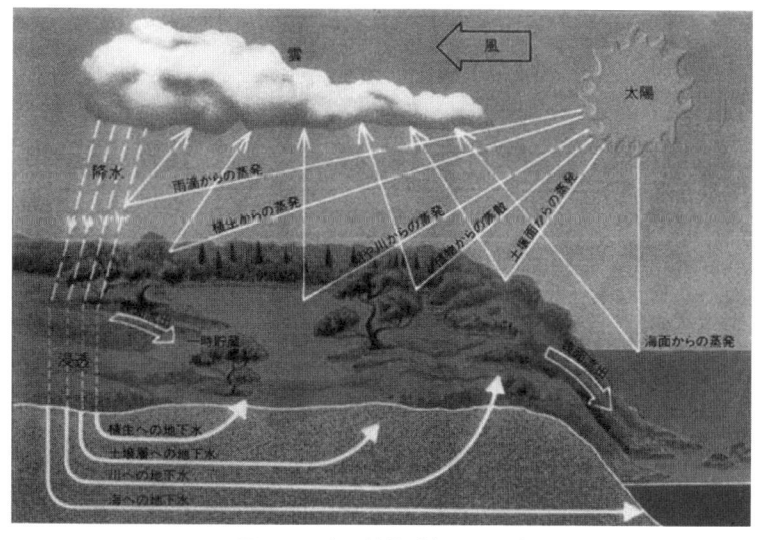

図Ⅲ-9　水の循環（吉野 1985）

162　第Ⅲ部　気候・植生・土壌・水

図Ⅲ-10　世界の地中海（マイクロソフト 2001）

　　　　もう少しわかりやすくいうと，家の浴槽1杯分が地球の海水，バケツ1杯分が淡水，そのうち人間が利用できる水はわずかスプーン1杯分なんだ。
グラ：……。つまり，私たちがいつも目にしている地表の水は地球の水のわずか0.06％で，大半が海水なのね。しかも，私たちに身近な川の水は，地球の水のわずか0.0002％に過ぎないんだ……。
ジオ：降った雨は，地表水や地下水となって流れて，地表や植生，湖，川，海から蒸発して雲となるんだ（図Ⅲ-9）。地球の水は，このようにバランスのとれた循環を繰り返してきたけど，その水の循環のバランスが今狂い始めている。
グラ：なぜなの？
ジオ：これは，このシリーズの『環境と人の旅』でみたように，植生破壊によって植物からの蒸発散が減少しているためなんだ。

b．海洋と海流

ジオ：海洋は地球の約71％を占めていて，大きく大洋と付属海とに分かれるんだ。大洋とは海流と潮流をもつ海のことで，グラフィーもよく知っているように，太平洋(46％)や大西洋(23％)，インド洋(20％)などがあるよね。
　　　また，付属海には地中海と縁海とがあるけど，グラフィー，地中海というと？
グラ：ヨーロッパの地中海。
ジオ：と多くの人は答えるけど，「大陸に囲まれた海」はすべて地中海とよばれるんだ。

グラ：そうなの。
ジオ：世界には八つの地中海がある。北極海，亜豪地中海，アメリカ地中海これはカリブ海とメキシコ湾，ヨーロッパ地中海，バルト海，カナダのハドソン湾，紅海，ペルシャ湾がそう（図Ⅲ-10）。
グラ：日本海は？
ジオ：縁海という大陸沿岸の海のことで，日本海のほかにオホーツク海，ベーリング海，北海などがある。

ジオ：次に，海流はその性質により三つに分けられる。吹送流と密度流，そして暖流・寒流。吹送流は海流の80%を占め，貿易風や偏西風といった恒常風などの影響で生じる海流のことで，赤道海流などがあるんだ。
　　　密度流は密度の高いところから低いところに向かって流れる海流のことをいって，水温や塩分濃度の違いによって生じるもので，メキシコ湾流などがそう。
グラ：ジオ，暖流と寒流ってどう違うの？
ジオ：暖流は低緯度から高緯度に向かって流れる海流で，寒流は高緯度から低緯度に向かって流れる海流のことなんだ。

◆「脱獄」と寒流

ジオ：グラフィー，アメリカ西海岸のサンフランシスコ湾にかかる橋を知ってる？
グラ：ゴールデンゲートブリッジ。
ジオ：そう。その沖合をカリフォルニア海流が流れているけど，カリフォルニアと聞くと水温の暖かい海流に思えるよね。
グラ：うん。

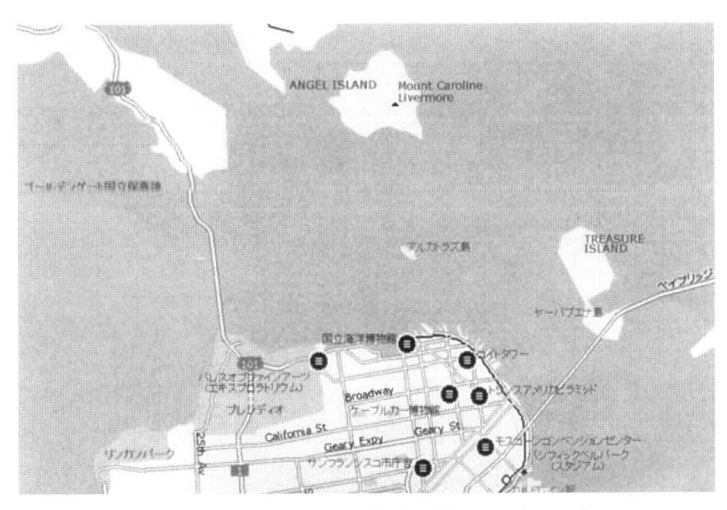

図Ⅲ-11　サンフランシスコ湾（マイクロソフト 2001）

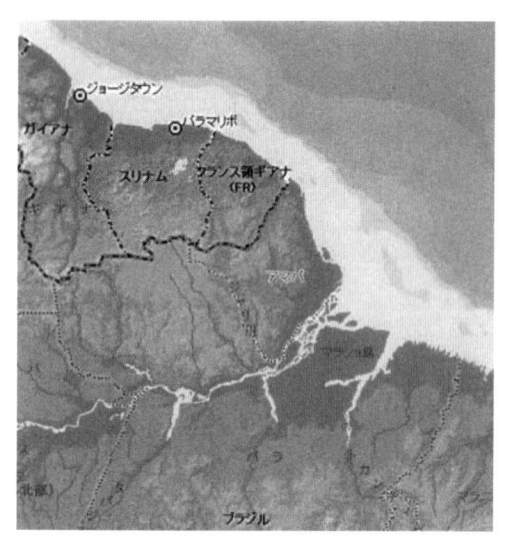

164　第Ⅲ部　気候・植生・土壌・水

図Ⅲ-12　フランス領ギアナ
（マイクロソフト 2001）

ジオ：実は，これはアラスカ方面から赤道に向かって流れる寒流なんだ。このサンフランシスコ湾にアルカトラズという島があって（図Ⅲ-11），アル・カポネが1934年〜63年の29年の間，この島の連邦刑務所の独房に監禁されたんだ。これは「脱獄」という映画やクリント・イーストウッド主演の「アルカトラズからの脱出」という映画の舞台にもなっている。この島では，34人の受刑者が14回の脱獄を試みたけど，そのうちの3人が未だに行方不明なんだ。

グラ：なぜなの？

ジオ：これはカリフォルニア海流と関係があって，彼らは脱獄して近くのエンジェル島（図Ⅲ-11）に向かったらしい。でも，寒流が湾に流れ込んでいて，水温が10度と冷たく流れが激しい。そのために，3人はこの海流にのまれ，溺死した可能性が高いとされているんだ。

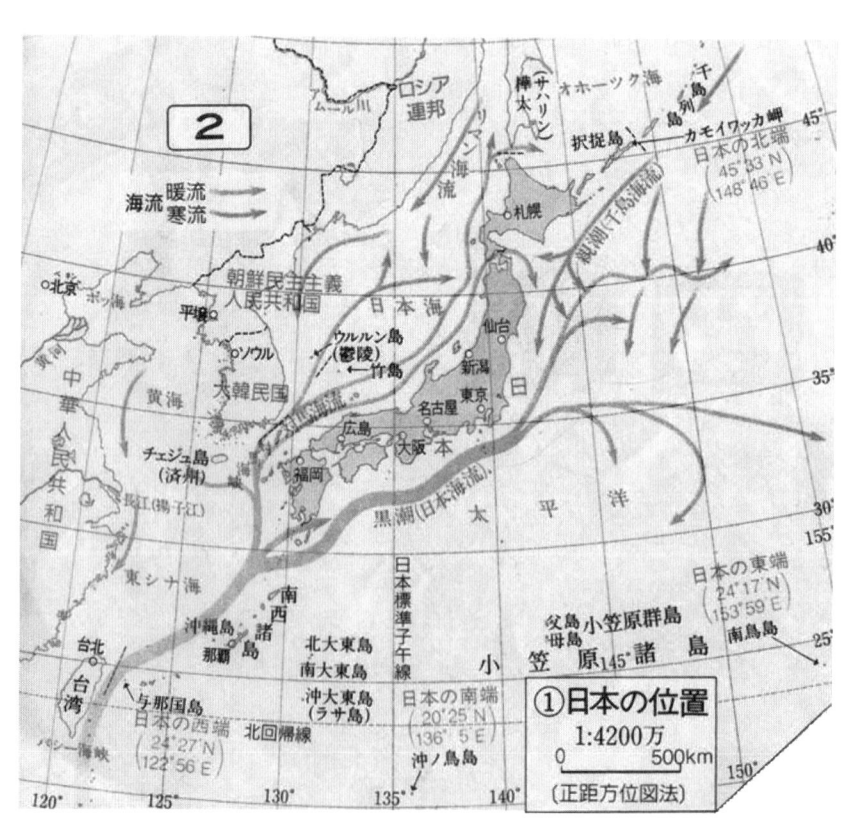

図Ⅲ-13　日本の位置（二宮書店編集部 2007）

グラフィー，「パピヨン」という映画を知ってる？
グラ：ううん。
ジオ：1973年の映画で僕たちが生まれる前の作品なんだ。パピヨンというのは，フランス語で「蝶」(butterfly)。スティーブ・マックイーンとダスティン・ホフマンが共演した映画で，1930年代に無実の罪で逮捕された胸に蝶のいれずみのあるパピヨンが，南米のフランス領のギアナ（図Ⅲ-12）の監獄島に送られるんだ。
グラ：つまり，囚人が孤島に島流しにあうのね。
ジオ：パピヨンは，打ち寄せる波に強弱の周期があることに気づくんだ。タイミングが悪いと岩にたたきつけられる。波が引く瞬間にあわせてヤシの実を集めてつくった浮きで飛び降りて，脱獄に成功するんだ。
グラ：これも，波の満ち引きや海流を利用した脱獄なのね。
ジオ：話を戻すけど，海流には潮目や潮境というのがあって，これは三陸沖のように寒流と暖流が落ち合う所で，ここには寒海魚や暖海魚が集まるため好漁場となっている（図Ⅲ-13）。

c．地下水と地表水

ジオ：次に，陸水をまず地下水からみてみよう。地層中には，砂層などの透水層と粘土層や岩盤などの不透水層とがあるんだ。地下水はこの不透水層の上，あるいは透水層の底部を流れる水で，自由地下水と被圧地下水，宙水の三つに区分される（図Ⅲ-14）。

自由地下水は地表近くにある透水層の底部にたまる地下水。被圧地下水は不透水層間に挟まれた地下水で，ここに井戸を掘ると自然に水が湧き出る自噴井となっているんだ。
グラ：宙水というのは？
ジオ：これは，局部的に分布する不透水層の上にたまった地下水のことなんだ。関東に武

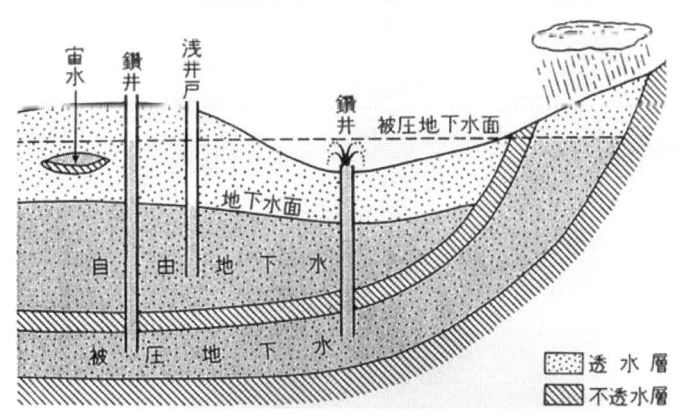

図Ⅲ-14 大鑽井盆地の断面（山本ほか1992）

図Ⅲ-15　摩周湖（日本地図センター　1987）

蔵野台地があるけど，ここは関東ローム層からなる高燥な土地条件のところなんだ。ここに近世に新田集落が形成されて，そこではこの宙水が飲料水や灌漑用水として利用されたんだ。

ジオ：これに対して地表水には，湖沼水や土壌水，水蒸気，河川水などがあって，このうちもっとも多いのが湖沼水だね。この湖沼を細分すると，次の三つに分けられる。まず，成分による区分では，淡水湖と汽水湖，塩（水）湖で，この塩湖は内陸湖に多いんだ。

グラ：内陸湖というのは？

ジオ：外洋との接触を持たない湖で，しかも周辺は乾燥地域で，アルカリ土壌の砂漠地帯とか岩塩地帯が多いんだ。

グラ：そのために，塩分濃度の高い湖となるのね。

ジオ：そう。死海（標高マイナス392m）やカスピ海（同マイナス28m），アラル海，グレートソルトレイクはいずれも塩湖なんだ。

2番目に生産量による区分で，これは湖沼中の生物がつくる有機物の総量の違いによって，富栄養湖や中栄養湖，貧栄養湖に分かれるんだ。またこれは，透明度によっても区分される。

日本で最も透明度が高いといわれている摩周湖は（図Ⅲ-15），7000年前の火山噴火によって形成された湖だけど，火山岩のために湖水は酸性となっている貧栄養湖なんだ。

写真Ⅲ-5　富士五湖（写真化学 1997b）

グラ：この酸性の水では，生物は育ちにくいのね。
ジオ：摩周湖の透明度は 1933 年には 41.6 m もあったけど，その後観光地化とともに水質が悪くなって，25 m まで落ちているんだ。知床が世界遺産になったこともあって，年間百万人を超える観光客が訪れるために，周辺の環境破壊が進んでいる。
グラ：弊害もでてきているのね。
ジオ：3 番目に成因による区分で，琵琶湖のような断層湖や火口湖 (蔵王の御釜オカマー蔵王沼)，カルデラ湖 (十和田湖)，堰止め湖，そして五大湖に代表される氷河湖などがある。

　堰き止め湖の代表例が富士五湖のうちの本栖湖，精進湖，西湖，河口湖で，山中湖の水は桂川と相模川で相模湾に注いでいるんだ（写真Ⅲ-5）。富士山は 864 年に噴火をして，『三代実録』にもその記録が残っているけど，その時に流れ出た溶岩で，旧桂川が分断されて湖ができたんだ。今，その溶岩は青木ヶ原樹海を形成している。

グラ：ジオ，こうしてみると，地球にはさまざまな水があるけど，その大半は海水なのね。
ジオ：そう。水のありがたさを実感するよね。僕は，近所に湧き出る水を汲んできて，地

球からの「命の水」をいただいているけど，こうした地球の恵みのおかげでわれわれ人間は生きているんだ。
グラ：私たちは，地球にもっともっと感謝しなければいけないね。

おわりに

　「自然の旅」と題した本書では，地形を中心として，地球や気候・植生・土壌・水など，地球の内部から表面，そして地球を取り巻く大気などの自然環境について，その概要を述べた。また，それぞれテーマを設け，映像などのデジタル資料や文学などのアナログ資料を用いて，わかりやすく説明することに努めた。ジオとグラフィーの会話を通して，地球の自然環境を身近なものとしてとらえていただければ幸いである。

　母なる大地である地球の自然環境とその変化のなかで，人類の営みが展開されてきたが，静かに回転する地表の上で，人類は自然環境を破壊して加速度的に発展をとげてきた。

　人類を育んできたのは，大地や森，水などの地球の自然と，そのにおいである。この自然のにおいが，少しずつ人工のそれに変わろうとしている。

　2007年11月，月探査衛星「かぐや」のとらえた地球の姿は，漆黒のなかに浮かぶ青い星であり，灰色の月面と青い地球とのコントラストは，強烈な印象をわれわれに与えた。それは，46億年という長い年月をかけて形づくられた地球の美しい姿である。そして今，この美しい地球を守るために，66億の人類が何をすべきかが問われている。

　最後になりましたが，本書の刊行をご快諾賜りました古今書院の橋本寿資社長に御礼を申し上げます。また，ご多忙のなか編集をご担当いただきました原 光一氏には，本書の構成等でご検討をいただき，ご教示を賜りました。重ねて厚く御礼を申し上げます。

　　　2008年5月　　　　　　　　　　　　　　　　　　　　　　　　　　　外山秀一

文献・資料

【文献・資料】

アーバンクボタ編集室 1996『URBAN KUBOTA』35．（株）クボタ．
赤木祥彦 1983 緑を擁する砂漠地帯．赤木祥彦編『週刊朝日百科 世界の地理5』朝日新聞社．
荒牧重雄・鈴木秀夫 1986『日本列島誕生の謎をさぐる』福武書店．
飯田汲事ほか監 1996『三重県の活断層』三重県．
伊倉退蔵編 1984『週刊朝日百科 世界の地理28』朝日新聞社．
池田 碩 2005『地形と人間』古今書院．
池田安隆 1983 世界の山脈．貝塚爽平編『週刊朝日百科 世界の地理10』朝日新聞社．
石井素介・奥田義雄ほか監 1995『地理B』教育出版．
石黒正紀 1984 低迷する北九州工業地帯．川村博忠・土井仙吉編『週刊朝日百科 世界の地理55』朝日新聞社．
石水照雄・伊藤達雄編 1984『週刊朝日百科 世界の地理45』朝日新聞社．
市川健夫・高橋百之編 1984『週刊朝日百科 世界の地理42』朝日新聞社．
市川正巳・奥村 清監 1981『奇跡の大自然』日本リーダーダイジェスト社．
岩田修二 1983 気候と地形．貝塚爽平編『週刊朝日百科 世界の地理10』朝日新聞社．
岩本政教・勝目 忍編 1984『週刊朝日百科 世界の地理41』朝日新聞社．
ウェーゲナー著・都城秋穂・紫藤文子訳 1981『大陸と海洋の起源－大陸移動説－（上）（下）』岩波書店．
植村直己 1976『北極圏一万二千キロ』文藝春秋．
浮田典良 1984 過密の南，過疎の北．小林健太郎・浮田典良編『週刊朝日百科 世界の地理46』朝日新聞社．
宇津徳治 1999『地震活動総説』東京大学出版会．
梅棹忠夫・前島郁雄監 1992『世界全地図・ライブアトラス』講談社．
漆原和子 1984 ユーゴスラビアの自然．中村泰三編『週刊朝日百科 世界の地理63』朝日新聞社．
NHK取材班 1987『地球大紀行1』日本放送出版協会．
江波戸 昭 1984 製糸から精密工業へ．市川健夫・高橋百之編『週刊朝日百科 世界の地理42』朝日新聞社．
相賀徹夫編 1989『世界大アトラス』小学館．
相賀昌宏編 1992『自然大博物館』小学館．
太田 勇編 1985『週刊朝日百科 日本の歴史35』朝日新聞社．
太田陽子 1985 動きつづける大地．太田陽子編『週刊朝日百科 世界の地理89』朝日新聞社．
大脇保彦 1984 山国としての土佐．大西青二・大脇保彦編『週刊朝日百科 世界の地理54』朝日新聞社．
貝塚爽平 1983 平野と海岸．貝塚爽平編『週刊朝日百科 世界の地理10』朝日新聞社．
貝塚爽平編 1983『週刊朝日百科 世界の地理10』朝日新聞社．
貝塚爽平 1987 将来予測と第四紀研究．日本第四紀学会編『百年・千年・万年後の日本の自然と人類』古今書院．
門村 浩 1995 かつてサハラ砂漠は緑に覆われていた．『月刊歴史街道』82．PHP研究所．
（株）東宝ステラ 2006『日本沈没』東宝（株）出版・商品事業室．
川上浄明ほか編 1991『資料地理 地理と人間』とうほう．
川村博忠・土井仙吉編 1984『週刊朝日百科 世界の地理55』朝日新聞社．
菊地利夫 1984 大いなる半島．菊地利夫編『週刊朝日百科 世界の地理37』朝日新聞社．
京都大学防災研究所・国立大学火山研究者グループ編 1987『噴火をさぐる－火山噴火予知と大学の役割－』．
日下雅義 1973『平野の地形環境』古今書院．
日下雅義編 2004『地形環境と歴史景観』古今書院．
久保田 淳校注・訳 1999『建礼門院右京大夫集・とはずがたり』（新編日本古典文学全集 47）．小学館．
栗原尚子ほか 1995 沖積平野と海岸の地形．石井素介ほか監『地理A』教育出版．

児玉 昇 1985 ユダヤ人国家・イスラエル．牟田口義郎編『週刊朝日百科 世界の地理93』朝日新聞社．
コナン・ドイル著・龍口直太郎訳 1970『失われた世界』創元社．
小林健太郎 1984 湖国の風土．小林健太郎・浮田典良編『週刊朝日百科 世界の地理46』朝日新聞社．
小松左京 1973『日本沈没 上・下』光文社．
斎藤靖二 1992『自然景観の読み方8 日本列島の生い立ちを読む』岩波書店．
坂口良昭 1983 ニューヨーク市の発展．伊藤達雄編『週刊朝日百科 世界の地理1』朝日新聞社．
佐々木高明 1991『日本史誕生』集英社．
佐々木 博 1984 "ドイツの温室"ライン地溝帯．浮田典良編『週刊朝日百科 世界の地理24』朝日新聞社．
佐藤 正 1983 天然の城塞に築かれた都市．高橋伸夫編『週刊朝日百科 世界の地理11』朝日新聞社．
佐藤 久・谷岡武雄ほか 1995『新地理A』帝国書院．
式 正英 1994 フィヨルドと経済活動．式 正英編 1984『週刊朝日百科 世界の地理28』朝日新聞社．
式 正英編 1984『週刊朝日百科 世界の地理28』朝日新聞社．
清水 潔 1995『地球環境と人間』実業之日本社．
饒村 曜 2000『気象のしくみ』日本実業出版社．
鈴木郁夫 1984 日本海の巨島，佐渡．高津武彰・二神 弘編『週刊朝日百科 世界の地理43』 朝日新聞社．
諏訪兼位 1985 アフリカ大地溝帯．長島信弘編『週刊朝日百科 世界の地理106』朝日新聞社．
全国治水砂防協会編 1988『日本の活火山砂防』．
全日空株式会社 2004 ANAカレンダー．
全日空株式会社 2005 ANAカレンダー．
大百科編集員会編 1995『丸善エンサイクロペディア大百科』丸善．
高橋伸夫編 1984『週刊朝日百科 世界の地理13』朝日新聞社．
高橋 学 1996 土地の履歴と阪神・淡路大震災．地理学評論，69-7．
高橋陸人・安盛義高・藤本和代編著 1984『地理用語集』山川出版社．
高山 圭 1985 死海とダイヤモンド海岸．牟田口義郎編『週刊朝日百科 世界の地理93』朝日新聞社．
武井正明 1981『図解・表解 地理の完成』山川出版社．
竹内 均編 1998『Newton』18-12, ニュートンプレス．
竹村恵二 1995 堆積物に認められる火山活動の歴史．日下雅義編『古代の環境と考古学』古今書院．
中日新聞社 1995, 2, 2.
中日新聞社 2003, 1, 1.
中日新聞社 2003, 1, 4.
中日新聞社 2004 2005年カレンダー．
中日新聞社 2004『大図解シリーズ』12.
中日新聞社 2006, 6, 9.
「土の世界」編集グループ編 1990『土の世界－大地からのメッセージ－』朝倉書店．
帝国書院編集部 1995『新地理A』帝国書院．
帝国書院編集部 2005『新詳高等地図』帝国書院．
冨倉徳次郎訳 1969『とはずがたり』（筑摩叢書140）．筑摩書房．
豊島吉則 1984 大山火山と弓ヶ浜半島．由比浜省吾・豊島吉則編 1984『週刊朝日百科 世界の地理51』朝日新聞社．
中田祝夫監 1966『とはずがたり全釈』風間書房．
中村一明 1983 地球の火山．貝塚爽平編『週刊朝日百科 世界の地理10』朝日新聞社．
二宮書店編集部 1995a『高等地図帳』二宮書店．
二宮書店編集部 1995b『現代地図帳』二宮書店．
二宮書店編集部 2007a『詳解現代地図』二宮書店．

二宮書店編集部 2007b『基本地図帳』二宮書店.
日本経済新聞社 2001 台風 11 号列島縦断. 写真ニュース 2342.
日本放送出版協会 1986『地球大紀行 1 ～ 4』.
野澤秀樹 1984 九州の首都・福岡市. 川村博忠・土井仙吉編『週刊朝日百科 世界の地理 55』 朝日新聞社.
羽田野正隆 1984 整然と計画された都市. 岡本次郎編『週刊朝日百科 世界の地理 28』朝日新聞社.
服部信彦 1984 桜島とシラス台地. 上野 登・服部信彦編『週刊朝日百科 世界の地理 58』朝日新聞社.
埴原和郎編 1986『週刊朝日百科 日本の歴史 35』朝日新聞社.
馬場悠男監・高山 博編 1997『人類の起源』集英社.
林 和生編 1985『週刊朝日百科 世界の地理 74』朝日新聞社.
林 重見編 1994『Quark』154.
平川一臣 1984 巨大な果樹園・甲府盆地. 山本正三・吉村 稔編『週刊朝日百科 世界の地理 41』朝日新聞社.
福岡義隆 1985 気候帯と人間の生活. 吉野正敏編『週刊朝日百科 世界の地理 80』朝日新聞社.
北條 壽・中川 重編 1984『週刊朝日百科 世界の地理 33』朝日新聞社.
正井泰夫 1983 アメリカの国立公園と自然保護. 赤木祥彦編『週刊朝日百科 日本の歴史 35』朝日新聞社.
町田 洋 1987 火山の爆発的活動史と将来予測. 日本第四紀学会編『百年・千年・万年後の日本の自然と人類』.
町田 洋・新井房夫 1992『火山灰アトラスー日本列島とその周辺』東京大学出版会.
松田時彦 1992『自然景観の読み方 2 動く大地を読む』岩波書店.
松田時彦・中村一明・杉村 新 1978 活断層とネオテクトニクス. 笠原慶一・杉村 新編『変動する地球Ⅰ－現在および第四紀－』(岩波講座地球科学 10) 岩波書店.
丸善エンサイクロペディア大百科編集委員会 1995『大百科』丸善.
三重県 1997『三重県地域防災計画被害想定調査報告書』.
水山高幸ほか編『風土の科学Ⅰ－自然環境に関する 30 章－』創造社.
三野与吉 1961『地形入門』古今書院.
矢ヶ崎孝雄・島田正彦編 1984『週刊朝日百科 世界の地理 44』朝日新聞社.
山川充夫 1984 首都圏へのエネルギー基地. 田辺健一・大澤貞一郎編『週刊朝日百科 世界の地理 34』朝日新聞社.
山口岳志編 1983『週刊朝日百科 世界の地理 9』朝日新聞社.
山本 茂ほか 1994『新地理Ａ』清水書院.
山本 茂ほか 1995『現代地理Ｂ』清水書院.
山本正三・吉村 稔編 1984『週刊朝日百科 世界の地理 41』朝日新聞社.
山本正三ほか 1992『詳説新地理』二宮書店.
由比浜省吾・豊島吉則編 1984『週刊朝日百科 世界の地理 51』朝日新聞社.
吉田栄夫 1983 北極と南極. 貝塚爽平編『週刊朝日百科 世界の地理 10』朝日新聞社.
吉野正敏 1985 気候とはなにか 吉野正敏編『週刊朝日百科 世界の地理 80』朝日新聞社.
米倉伸之 1983 世界の大地形. 貝塚爽平編『週刊朝日百科 世界の地理 10』朝日新聞社.
米倉伸之 1985 珊瑚礁と火山島. 太田陽子編『週刊朝日百科 世界の地理 89』朝日新聞社.
米倉伸之・池田安隆 1983 変動する地球. 貝塚爽平編『週刊朝日百科 世界の地理 10』朝日新聞社.
リモート・センシング技術センター編 1997『衛星画像で見る日本』古今書院.

B.W. ピプキン・D. トレント著, 佐藤 正・千木良雅弘監 2003『環境と地質 2 地震と火山と侵食』古今書院.
H.J.Blij, G.A.Danzer, R.A.Hart, D.W.Drummond. 1989 "World Geography A Physical Cultural Study" Scott, Foresman and Co.

【地図・空中写真資料】

国土地理院 1975 撮影「三重・宮川下流域」2 万分の 1 カラー空中写真（C28B-8）.
国土地理院 1977「富山」20 万分の 1 地勢図.
国土地理院 1978「京都東北部」5 万分の 1 地形図.
国土地理院 1983「男鹿」20 万分の 1 地勢図.
国土地理院 1988「島原」2 万 5 千分の 1 地形図.
国土地理院 1988「熊本」20 万分の 1 地勢図.
（財）日本地図センター 1987 コンピュータマップ摩周湖.
（財）日本地図センター 1977 伊豆大室山.
参謀本部陸軍部測量局 1887「日本国勢地図 山田」20 万分の 1 図.

【インターネット資料】

池田湖 2002 http://www.city.ibusuki.kagoshima.jp
伊豆大島 2002 http://www.bungakubu.kokushikan-u.ac.jp/chiri/EarthWacht/Aug2002/RSgazou.htm
イッシー 2002 http://www.synapse.ne.jp/~komurano/mos/ikeda/ic.html
親不知 2008 http://www.city.itoigawa.niigata.jp
クッシー 2002 http://isweb12.infoseek.co.jp/area.osoma2/hesoko7.htm
屈斜路湖 2008 http://upload.wikimedia.org/wikipedia/ja/thumb/9/9f/Lake_kussyaro_landsat.jpg
ジャングル 2008 http://www.ffpri.affrc.go.jp/research/PRCweb./index.htm
台風の知識、台風、台風災害 2007 http://www.bo-sai.co.jp/typoom.htm
地球上の水の量 2007 http://www.mlit.go.jp/tochimizushigen/mizsei/hakusho/H17/sankou01.pdf
デスヴァレー 2008 http://ja.wikipedia.org/wiki
ハリケーン カトリーナ 2008 http://www.bo-sai.co.jp/39111265_1ad9bee75d.jpg
三保の松原 2007 http://u-canshop.jp/nihonnoshizen/img/5EJLgvx57.jpg
弓ヶ浜と大山 2002 http://bungakubu.kokushikan.ac.jp/chiri/EarthWacht/OCT2002/RSgazou.htm
リアス式海岸 2002 http://bungakubu.kokushikan.ac.jp/chiri/EarthWacht/July2002/RSgazou.htm

【ビデオ・CD・DVD 映像資料】

NHK 1999「キラウエア火山」.
NHK 2002「地球大紀行」.
NHK 2003「グランドキャニオン」.
写真化学 1997a『ランド撮図 近畿編』.
写真化学 1997h『Space Walk Japan』.
マイクロソフト 2001『エンカルタ百科地球儀 2001』
ワーナー・ブラザース映画会社 1978『スーパーマン』.

著者紹介

外山秀一（とやま　しゅういち）

1954年　宮崎県生まれ.
帝京大学山梨文化財研究所　古植物・地理研究室長を経て,
現在, 皇學館大学名誉教授.　博士（文学）（立命館大学）.
専門：地理学・環境考古学.
主要業績：『遺跡の環境復原』古今書院
　　　　　『自然と人間との関係史』古今書院
　　　　　『ジオとグラフィーの旅 1 環境と人の旅』古今書院
　　　　　『ジオとグラフィーの旅 3 人の旅』古今書院
　　　　　『ジオとグラフィーの旅 4 衣食住の旅』古今書院
　　　　　『ジオとグラフィーの旅 5 東アジアとヨーロッパの旅』古今書院
　　　　　『ジオとグラフィーの旅 6 地域情報の旅』古今書院（以上, 単著）
　　　　　『日本文化のなかの自然と信仰』大神神社（共著）
　　　　　『古代の環境と考古学』古今書院
　　　　　『講座 文明と環境 3 農耕の起源』朝倉書店
　　　　　『縄文文明の発見－驚異の三内丸山遺跡－』ＰＨＰ研究所
　　　　　『講座 文明と環境 5 文明の危機』朝倉書店
　　　　　『空から見た古代遺跡と条里』大明堂
　　　　　『現代の考古学 3 食糧生産社会の考古学』朝倉書店
　　　　　『韓国古代文化の変遷と交渉』書景文化社
　　　　　『The Origins of Pottery and Agriculture』Roli Books
　　　　　『環境考古学ハンドブック』朝倉書店
　　　　　『地形環境と歴史景観－自然と人間の地理学－』古今書院
　　　　　『近畿I　地図で読む百年』古今書院
　　　　　『澧縣城頭山』文物出版社
　　　　　『アジアの歴史地理 1 領域と移動』朝倉書店
　　　　　『縄文時代の考古学3 大地と森の中で』同成社
　　　　　『Water Civilizasion』Springer
　　　　　『環境の日本史 2 古代の暮らしと祈り』吉川弘文館
　　　　　『人間と環境』（ハングル）韓国考古環境研究所ほか（以上, 分担執筆）
　　連絡先　toyama@kogakkan-u.ac.jp

書　名	ジオとグラフィーの旅　2　自然の旅
コード	ISBN978-4-7722-4121-2　C1025
発行日	2008年1月10日　初版第1刷発行
	2024年3月15日　初版第6刷発行
著　者	外山秀一
	©2008 TOYAMA Shuichi
発行者	株式会社古今書院　橋本寿資
印刷者	太平印刷社
発行所	古今書院
	〒113-0021　東京都文京区本駒込5-16-3
電　話	03-5834-2874
FAX	03-5834-2875
URL	https://www.kokon.co.jp/
	検印省略・Printed in Japan